纠纷调解系列丛书

Handbook of
Realty Management
Dispute Mediation

U0647684

物业纠纷调解手册

潘月新　黄金苹 / 主编

ZHEJIANG UNIVERSITY PRESS
浙江大学出版社

图书在版编目（CIP）数据

物业纠纷调解手册 / 潘月新，黄金苹主编. —杭州:浙江大学出版社，2022.1 （2022.3重印）
ISBN 978-7-308-21975-4

Ⅰ．①物… Ⅱ．①潘… ②黄… Ⅲ．①物业管理—民事纠纷—调解(诉讼法)—中国—手册 Ⅳ．①D922.38-62

中国版本图书馆CIP数据核字(2021)第233397号

物业纠纷调解手册

潘月新　黄金苹　主编

责任编辑	朱　辉
责任校对	葛　娟
封面设计	春天书装
出版发行	浙江大学出版社
	（杭州市天目山路148号　　邮政编码　310007）
	（网址：http://www.zjupress.com）
排　　版	杭州林智广告有限公司
印　　刷	嘉兴华源印刷厂
开　　本	787mm×1092mm　1/16
印　　张	8.5
字　　数	196千
版 印 次	2022年1月第1版　　2022年3月第2次印刷
书　　号	ISBN 978-7-308-21975-4
定　　价	35.00元

编写委员会

序

习近平总书记 2020 年到浙江安吉县社会矛盾纠纷调处化解中心调研时指出，矛盾处理是一个国家、社会长治久安的一个基础性工作。基础不牢，地动山摇，而物业联系的是千家万户，物业工作直接影响家庭生活和社会稳定，关系到人们的安居乐业，解决好物业纠纷，化解物业和住户及业委会的矛盾，有助于建设和谐社区，也是构建社会主义和谐社会的必然要求。

在现实生活中，产生物业纠纷有时难以避免，如果所有的纠纷都要通过打官司来明确一个"说法"，那么即使案件能够了结，当事人之间的矛盾也可能会进一步激化。尤其是围绕物业管理产生的各种社会关系，无论是在业主与物业服务人之间，还是业主与业主之间，都具有长期性、持续性的特征，纠纷一旦涉讼，当事人之间的矛盾往往会越积越深，以致难以长期和睦共处。有的矛盾如果处理不妥，甚至会酿成群体性纠纷。这些都不利于和谐社区的建设。物业纠纷调解作为法律诉讼之外的纠纷解决方式，正承担着越来越重的纠纷调解任务，成为助力基层矛盾源头治理不可或缺的一部分，对于推进诉源治理工作具有重要意义。

调解员既要有耐心，又要懂得法律法规，同时，还要会沟通、会说理、会引导。但是，当下的调解员还有着很多局限。在实际工作当中，很多调解员还没有完全掌握相关法律知识、心理知识、调解技巧等多方面专业技能，有时可能一句不恰当的话就会引发舆情，导致更多问题的产生，使调解的成功率降低。

杭州市拱墅区紫薇花社会组织指导中心的潘月新和徐新鹏老师，有着十余年的调解一线经验，结合全国及杭州市物业管理条例修订的契机，首创社会组织参与物业调解工作的成功经验，并率先在物业等调解行业中系统地整理出了人民调解委员会调解员系列培训教材，这是该领域一次有意义的探索，也是调解员不可或缺的护航宝典。本书紧紧结合《中华人民共和国民法典》《物业管理条例》《浙江省物业管理条例》《杭州市物业管理条例》，详细解读了相关法律法规的内容，并用实务案例分析的方式对法律知识点的适用进行深入解析，使其浅显易懂，便于读者学习。作者希望通过业务培训，培养一批"法律明白人"，先让一批人学法，再带动一批人用法，让"身边人影响身边人，身边人带动身边人"，在广大人民群众中逐步形成办事依法、遇事找法、解决问题用法、化解矛盾靠法的浓厚氛围，以促进社会的和谐稳定。

懂法是纠纷调解的一大重点，而另一大重点就是调解原则和调解技巧。本书把握住了调解的本质，从法律知识、心理知识、调解技巧、实务操作等多个方面来指导培训，让调解员可以更便捷、更系统地学会调解，避免过去"调解随性化""调解培训内容碎片化"等问题，将有利于我们打造一支知法懂法、具备法律知识和调解技巧的专业化队伍。

而这，也正是潘月新老师编写教材的初衷：突破创新，改变学习习惯，让纠纷调解的学习系统化、专业化、人性化，让调解过程规范化、合法化、温暖化，锻造一支满怀爱心、细心、耐心，充满激情、热情、感情，为百姓做好事、做善事、做实事的调解队伍。这也是对"枫桥经验"的拓展和创新，对于丰富社会治理内涵、提升基层社会治理水平具有积极意义。

前　言

随着社会经济的发展和城镇化进程的不断推进，物业管理在未来社区建设和社会治理创新中的作用日益凸显，成为社会管理的基础性工作和重要组成部分，更是政府创新社会管理的重要载体。在现实中，围绕着对业主房屋的居住、使用、管理，在业主之间以及业主与物业服务人之间，产生了诸多矛盾纠纷，这些纠纷关系到人民群众的安居生活，社会影响巨大。因此，物业纠纷解决情况已经成为评价社区建设成效的一杆重要标尺。

基于此，杭州市直机关"红雨伞"公益专家团的相关专家结合实务案例，从不同角度对物业纠纷进行了广泛深入的调查研究，努力探索分析此类纠纷的产生根源及调解难点所在，并有针对性地提出对策和建议。本书就是综合这些实践经验与调查研究的结晶成果，是物业纠纷调解的实用法律读本。

《物业纠纷调解手册》对业主、业主大会、物业服务人的权利义务、法律责任及相关案例等方面内容作出详尽的解释和指引，期望通过对各类社区物业纠纷涉及的法律问题的阐释、法律规定的列举和典型案例的介绍，为广大基层调解工作人员调解社区纠纷、化解社区矛盾提供有益的指导和帮助，使它成为社区基层调解工作的参谋、社区法制教育的帮手以及社区居民的行为指南。

《物业纠纷调解手册》在编写过程中对有关法律问题、法律原理的阐述力求深入浅出、通俗易懂，便于读者准确把握法律精髓，正确处理相关纠纷。但由于编写时间仓促，书中难免存在不足之处，敬请读者提出宝贵意见，在此深表感谢！

第一章　物业管理的基本原理 ……………………………………… 1

　　一、物业管理的概念 ………………………………………… 1

　　二、物业管理区域 …………………………………………… 4

第二章　业主和业主组织 ……………………………………… 6

　　一、业主 ……………………………………………………… 6

　　二、业主大会 ………………………………………………… 10

　　三、业主委员会 ……………………………………………… 14

　　四、物业管理委员会 ………………………………………… 19

第三章　前期物业管理 ………………………………………… 21

　　一、前期物业选聘 …………………………………………… 21

　　二、查验与物业移交 ………………………………………… 23

第四章　物业服务 ……………………………………………… 26

　　一、物业选聘、续聘、解聘 ………………………………… 26

　　二、物业服务人义务 ………………………………………… 29

　　三、突发事件应对 …………………………………………… 36

　　四、物业费的收取、调整与能耗分摊 ……………………… 38

　　五、业主转让、出租物业情形 ……………………………… 41

　　六、共有收入 ………………………………………………… 43

　　七、业主自行管理 …………………………………………… 45

第五章 物业使用与维护 ······································· 47

　　一、专业设施移交与管理 ································· 47

　　二、加装电梯 ··· 51

　　三、维护费用承担 ····································· 57

　　四、物业保修金 ······································· 59

　　五、物业专项维修资金 ································· 62

第六章 物业管理的常见纠纷类型 ······················· 67

　　一、物业的维护与使用管理纠纷 ····················· 67

　　二、物业侵权纠纷 ····································· 70

　　三、物业费纠纷 ······································· 73

　　四、共有收益纠纷 ····································· 76

　　五、车辆管理纠纷 ····································· 78

第七章 物业管理纠纷的调解 ··························· 80

　　一、调解宗旨 ··· 80

　　二、调解原则 ··· 82

　　三、调解机构 ··· 84

　　四、调解范围与调解工作机制 ······················· 87

附　录 ··· 91

　　《杭州市物业管理条例》 ····························· 91

　　《浙江省司法厅、浙江省住房和城乡建设厅关
　　于加强人民调解化解物业管理纠纷的指导意见》 ······· 112

　　物业纠纷调解流程图 ································· 116

　　物业纠纷化解工作用表 ······························· 117

第一章 物业管理的基本原理

一、物业管理的概念

◆ **知识点提炼**

物业管理 物业管理原则 市场竞争机制 物业管理协会 政府部门的物业管理职责 街道乡镇居委会职责 物业管理活动纠纷处理机制 信息公开义务

◆ **知识点详解**

物业管理 是指业主通过选聘物业服务企业，由业主和物业服务企业按照物业服务合同约定，对房屋及配套的设施设备和相关场地进行维修、养护、管理，维护物业管理区域内的环境卫生和相关秩序的活动。[①]

杭州市的物业管理活动纳入基层社会治理体系，坚持党建引领、政府主导、业主自治、多方参与、协商共建的工作格局。

物业管理原则 开展物业管理活动，应当依法保护业主、非业主使用人的隐私和个人信息。

市场竞争机制 国家提倡业主通过公开、公平、公正的市场竞争机制选择物业服务企业。

物业管理协会 是指与物业管理行业有关的企业事业单位和社会团体自愿结成的地方性、行业性社会团体，是非营利性社会组织。物业管理协会应当按照章程开展行业自律管理，接受房产主管部门的指导和监督。鼓励和支持物业管理协会组织业务培训，参与相关标准编制、行业诚信体系建设等工作。

政府部门的物业管理职责 根据《物业管理条例》，主要由国务院行政主管部门和县级以上地方人民政府房地产行政主管部门来负责物业管理。国务院专门建设行

[①] 《物业管理条例》第二条。

《杭州市物业管理条例》第二条第二款 本条例所称物业管理，是指业主通过选聘物业服务人，按照物业服务合同的约定，对物业管理区域内的建筑物及其附属设施进行维修养护，并管理维护环境卫生和相关秩序的活动。

政主管部门，以负责全国物业管理活动的监督管理工作。

区、县（市）人民政府需要履行监督管理义务，并协助解决各个单位所遇到的物业管理工作中的相关问题，且需要为物业管理工作提供必要保障。市房产主管部门负责本市行政区域内物业管理活动的监督管理。区、县（市）房产主管部门负责本行政区域内物业管理活动的监督管理。其他相关部门应当按照各自职责，做好物业管理活动的监督管理工作。

街道乡镇居委会职责 街道办事处、乡镇人民政府应当把物业管理视作基层治理工作的一部分，为物业管理落实人员、经费，并加强对物业管理活动的指导、协助和监督。

居民委员会协助街道办事处、乡镇人民政府根据实际情况具体指导和监督社区内物业管理活动。

物业管理活动纠纷处理机制 房产等有关部门、街道办事处、乡镇人民政府和居民委员会、物业管理协会应当建立和完善人民调解、行政调解等相衔接的物业管理活动纠纷处理机制。鼓励通过和解、调解等途径解决物业管理活动纠纷。

信息公开义务 根据《杭州市物业管理条例》第八条的规定，业主委员会、物业管理委员会、物业服务人、建设单位以及街道办事处、乡镇人民政府和居民委员会，依照本条例的规定负有向业主公开信息义务的，应当以书面通知，在物业管理区域主要出入口等显著位置公布，或者按照管理规约、业主大会议事规则约定的其他方式公开信息。

◈ 选择题

1. 属于物业管理范围内的活动有 （ ）
   A. 业主大会的成立　　　　　　　　B. 业主委员会的成立
   C. 物业管理委员会的成立　　　　　D. 物业的使用和维护
2. 《杭州市物业管理条例》规定的对物业管理负有监督义务的部门有 （ ）
   A. 规划和自然资源部门　　　　　　B. 市场监督管理部门
   C. 消防救援部门　　　　　　　　　D. 价格部门
3. 下列哪个机构设立行政主管部门，以负责全国物业管理活动的监督管理工作？
   （ ）
   A. 区政府　　　　　　　　　　　　B. 县级以上政府
   C. 国务院　　　　　　　　　　　　D. 市政府

◈ 案例题

1. A系某家园的业主。某物业公司自2006年5月起为该家园提供物业服务，曾与杭州某房地产开发有限公司签订《某家园前期物业管理服务合同》，并与业主大会先后签订三份《某家园物业服务合同》。《某家园物业服务合同》中约定，该物业公司应"每半年向业主或物业使用人公布一次经营性收支的使用情况，每年以书面形式向业主委员会报告一次工作"，"小区公共场地停车位停车费，经营性用房出租，利用物业共用部位、共用设施设备进行经营的收入，减去相关成本费用后的结余部分，专项用于电梯维保、公共设施设备等的维修养护费"等内容。但 A 曾发函要求某家园业主委员会提供相关资料给业主查询，但业主委员会回复房地产开发有限公司未向业主委员会提供任何关于小区共有部分经营性收支情况的书面报告。A 要求某物业公司在三十日内按照每半年公布一次的要求，在某家园信息公开栏向全体业主公示自签订物业服务合同之日起至 2021 年 8 月 19 日历年来某家园共有部分的经营情况、收益分配情况、分配依据等。

问：上述业主的行为是否合法？

参考答案

二、物业管理区域

◈ **知识点提炼**

区域划分一般规则　划分物业管理区域的申请与公布　没有划分物业管理区域的处理　区域调整

◈ **知识点详解**

区域划分一般规则　物业管理区域的划分应当充分考虑物业的共用设施设备、建筑物规模、社区建设等因素。[①]根据《杭州市物业管理条例》的规定，新建物业共用主要配套设施设备的，划分为一个物业管理区域。而此处的新建物业，则包括分期开发或者有两个以上建设单位开发的建设项目。《杭州市物业管理条例》对新建物业的工程设计方案也有一定的要求。[②]

根据《物业管理条例》的规定，一个物业管理区域内只成立一个业主大会。

划分物业管理区域的申请与公布　《杭州市物业管理条例》规定，建设单位应当自取得建设工程规划许可证之日起三十日内，向建设项目所在地的区、县（市）房产主管部门提出划分物业管理区域的申请，区、县（市）房产主管部门应当会同街道办事处、乡镇人民政府，自收到申请之日起十个工作日内划分物业管理区域，并书面告知建设单位。物业管理区域的划分应当征求相关的居民委员会的意见。且新建物业出售时，建设单位应当将物业管理区域范围在销售现场的显著位置公布，并在房屋买卖合同中明示。

没有划分物业管理区域的处理　没有划分物业管理区域的建成居住区需要实施物业管理的，由所在地的区、县（市）房产主管部门会同街道办事处、乡镇人民政府征求业主、相关的居民委员会意见后，结合城市管理和物业管理实际需要确定物业管理区域，并向全体业主公告。

区域调整　当有需求调整区域时，业主委员会、物业管理委员会可以向所在地的区、县（市）房产主管部门提出物业管理区域调整方案。

有下列情形之一的，业主委员会、物业管理委员会可以向所在地的区、县（市）

---

① 《物业管理条例》第九条　物业管理区域的划分应当考虑物业的共用设施设备、建筑物规模、社区建设等因素。具体办法由省、自治区、直辖市制定。

② 《杭州市物业管理条例》第九条第三款　新建物业在编制建设工程设计方案或者初步设计时，应当依照法律、法规的规定，按照有利于生产、生活和物业管理需要的原则，合理确定主要配套设施设备的共用范围。有关主管部门在进行建设工程设计方案审查时，应当征求区、县（市）房产主管部门的意见。

房产主管部门提出物业管理区域调整方案：

（一）因河道、城市道路等物理分割或者习惯形成的两个以上相对独立区域，能明确分清共用配套设施设备管理维护责任，并经业主大会或者全体业主同意，划分为多个物业管理区域的；

（二）两个以上独立物业管理区域经各自业主大会或者全体业主同意，归并为一个物业管理区域的。

物业所在地的区、县（市）房产主管部门应当征求街道办事处、乡镇人民政府及居民委员会的意见，自收到材料之日起二十个工作日内作出决定。

◆ 选择题

1. 物业管理区域划分应当考虑以下哪些因素？ （　　）

  A. 共用设施   B. 社区建设

  C. 物业价格   D. 建筑物规模

2. 物业区域划分由以下哪些主体提出调整方案？ （　　）

  A. 物业所在地的区、县（市）房产主管部门   B. 街道办事处

  C. 乡镇人民政府   D. 居民委员会

  E. 业主委员会   F. 物业管理委员会

◆ 案例题

1. 黄某等25人系某小区业主。该小区按开发时间和规格分为一期、二期、三期、精装版一区、精装版二区、沿河别墅、临河别墅等楼群，不同楼群间由围墙、道路分割为相对独立的区域，区域间有市政公共通道。其中，一期楼群所处地域属甲社区居委会，其他则属乙社区居委会。该小区有部分供电设备为小区自管，共用设施、设备及其他物业管理用房未作法定权属界定。后区房管局发出通知，将该小区分为A、B、C、D、E 5个物业管理区域，对各区域物业管理用房进行了划分，并请业主成立相应业主大会及选举产生业主委员会。黄某等25人不服区房管局将小区划分为5个物业管理区域的行政行为，向区法院提起行政诉讼。

问：区房管局是否有划分物业管理区域的职权？

参考答案

第二章 业主和业主组织

一、业主

◈ **知识点提炼**

　　业主　业主权利　业主义务　业主共同决定的事项　专有部分面积

◈ **知识点详解**

　　业主　简单地说，房屋的所有权人就是业主。但是也有特殊情况，例如未办理房屋所有权登记，但是基于人民法院或者仲裁机构的生效法律文书、人民政府的征收决定、合法建造、继承等取得房屋所有权的，应当视为业主；与建设单位订立买卖合同并合法占有建筑物专有部分的，可以视为业主。[①]

　　业主权利　业主有权提议召开、参加业主大会会议，有权在业主大会会议上行使表决权，有相关制度、意见和建议等事项的知情权，有业主委员会的选举权和被选举权，有监督业务委员会工作的监督权等。《杭州市物业管理条例》第十四条规定，业主在物业管理活动中依法享有下列权利：（一）提议召开业主大会会议；（二）参加业主大会会议，行使投票权；（三）就制定或者修改管理规约、业主大会议事规则，选聘、解聘物业服务人以及其他物业管理事项提出意见和建议；（四）选举业主委员会成员、候补成员，享有被选举权；（五）监督业主委员会、物业管理委员会的工作；（六）按照物业服务合同的约定，接受物业服务人提供的服务，监督物业服务人履行物业服务合同；（七）就选举、表决、共有收入等事项享有知情权；（八）监督共有部分的管理、使用；（九）监督物业保修金、建筑物及其附属设施的维修资金（以下简称物业专项维修资金）、业主共有收入的管理、使用；（十）法律、法规规定的其他权利。

　　业主义务　业主需要遵守管理规约、业主大会议事规则，按照规定缴纳物业专

---

　　① 《杭州市物业管理条例》第十三条　房屋所有权人为业主。

　　因表决业主共同决定事项或者选举业主委员会的需要，业主委员会、物业管理委员会可以通过所在地的街道办事处、乡镇人民政府请求不动产登记等相关部门依法协助核实房屋所有权人信息，但是能够通过其他途径核实的除外。

项维修资金、物业费、遵守相关法律法规等，具体有：（一）遵守管理规约、业主大会议事规则；（二）遵守物业管理区域内共有部分的使用、公共秩序、环境卫生、装饰装修、消防安全、房屋安全、垃圾分类、噪声管理、供排水管理、动物饲养、卫生防疫、绿化等方面的法律、法规、规章；（三）执行业主大会的决定和业主大会授权业主委员会作出的决定；（四）依法配合物业服务人执行政府依法实施的应急处置措施和相关管理措施；（五）按照规定交存物业专项维修资金；（六）按照约定交纳物业费；（七）法律、法规规定的其他义务。业主不得以放弃权利为由不履行义务。

另外，根据《物业管理条例》中的规定，业主还需要遵守物业管理区域内物业共用部位和共用设施设备的使用、公共秩序和环境卫生的维护等方面的规章制度，《杭州市物业管理条例》对此条进行了细化，另行明确了业主需遵守"装饰装修、消防安全、房屋安全、垃圾分类、噪声管理、供排水管理、动物饲养、卫生防疫、绿化等方面的法律、法规、规章"的义务。

业主共同决定的事项　下列事项由业主共同决定：（一）制定和修改业主大会议事规则；（二）制定和修改管理规约；（三）选举业主委员会或者更换业主委员会成员；（四）选聘和解聘物业服务企业或者其他管理人；（五）使用物业专项维修资金；（六）筹集物业专项维修资金；（七）改建、重建建筑物及其附属设施；（八）改变共有部分的用途或者利用共有部分从事经营活动；（九）业主委员会运行经费的筹集、使用和管理的具体规则及办法；（十）使用属于全体业主所有的共有收入或者其他资金，但是在业主大会议事规则约定的次数和额度限制内的除外；（十一）物业管理区域内有关共有和共同管理权利的其他重大事项。

业主共同决定事项，应当由专有部分面积占比三分之二以上的业主且人数占比三分之二以上的业主参与表决。决定上述第六项至第八项规定的事项，应当经参与表决专有部分面积四分之三以上的业主且参与表决人数四分之三以上的业主同意。决定上述除第六项至第八项规定的其他事项，应当经参与表决专有部分面积过半数的业主且参与表决人数过半数的业主同意。

专有部分面积　专有部分面积按照不动产登记簿记载的面积计算；尚未进行不动产登记的，按照房产测绘机构的实测面积计算；尚未进行实测的，按照房屋买卖合同记载的面积计算。

业主人数按照专有部分的数量计算，一个专有部分按照一人计算，但建设单位尚未出售和虽已出售但尚未交付使用的部分，以及同一买受人拥有一个以上专有部分的，按照一人计算。

◈　**选择题**

1.以下哪些人属于业主？　　　　　　　　　　　　　　　　（　　）

　　A.房屋所有权人

　　B.未办理房屋所有权登记，但是有人民法院尚未生效的法律文书的

　　C.为办理房屋所有权登记，但是有人民政府的征收决定的

　　D.与建设单位订立买卖合同并合法占有建筑物专有部分的

2. 以下哪些属于业主在物业管理活动中依法享有的权利？ （　　　）

    A. 参加业主大会会议　　　　　　B. 提议召开业主大会会议

    C. 监督业主共有收入的管理、使用　　D. 监督物业服务人履行物业服务合同

3. 以下哪些属于业主在物业管理活动中依法履行的义务？ （　　　）

    A. 遵守垃圾分类的法律法规　　　　B. 遵守卫生防疫的法律法规

    C. 参加业主大会会议　　　　　　　D. 缴纳物业管理费用

◆ 案例题

1. 某小区业主认为某届业主委员会自接手小区以来，管理混乱，财务收支不透明，从不公开依法应公开的信息，导致广大业主合法权益受到损害。各业主要求：（1）公布该小区建筑物及附属设施的维修资金筹集使用情况；（2）公布本届业主委员会所有决定、决议和会议记录；（3）公布本届业主委员会与物业公司之间的服务合同和共有部分的使用及收益情况；（4）公布本小区停车费收支分配和车位处分情况；（5）公布本届业主委员任期内的各年度财务收支账目、收支凭证。

问：业主委员会是否需要公开相关信息？

2. 郑某于 2003 年 4 月 28 日取得位于武汉市武昌区中北路白玫瑰花苑 × 栋 × 单元 A 室、设计用途为住宅的房屋（以下简称 A 室房屋），张某于 2007 年取得位于武汉市武昌区中北路白玫瑰花苑 × 栋 × 单元 B 室、设计用途为住宅的房屋的房屋所有权证。郑某与张某系同一单元上下楼层邻居关系。

联通武汉分公司于 2010 年 5 月 13 日与武汉市公安局等签订武汉市城市视频监控系统项目建设、运维服务和租赁合同。

刘某（郑某之嫂）于 2011 年 10 月 8 日与联通武汉分公司签订白玫瑰花苑通信机房租赁合同，约定联通武汉分公司利用 A 室房屋建设通信机房，租期自 2011 年 10 月 8 日起至 2015 年 10 月 7 日止，年租金为 29800 元；由刘某负责周边群众的协调工作，保证联通武汉分公司正常施工及日常维护；联通武汉分公司保证改造、装修房屋不影响房屋的建筑结构安全，设备在工作中或因老化等不影响周边群众的生活、休息。

联通武汉分公司于 2011 年 12 月入驻使用 A 室房屋。与此同时，郑某之兄郑某某仍居住使用 A 室房屋。白玫瑰花苑物业管理处、白玫瑰花苑业主自 2012 年 3 月 19 日起，多次要求 A 室房屋业主"停止生产经营、恢复原住房性质、消除安全隐患"。

联通武汉分公司于 2012 年 4 月 8 日领取武汉市重大项目认定证书，载明项目名称为无线城市综合项目——"中国联通无线城市"，有效期至 2014 年 4 月 8 日。

武汉武昌供电公司于 2012 年 7 月 17 日认为 A 室房屋业主存在高价低接用电行为，发出违约窃电停（限）电通知。

联通武汉分公司在 A 室房屋内放置光纤传输机柜作为数据传输汇聚节点，用以建设有线光纤传输宽带网络，解决"平安城市"视频监控录像传输、无线城市综合项目 WLAN（无线宽带局域网）、周边居民小区宽带、固定电话等接入业务的汇聚、交

换需求。

张某认为：郑某、联通武汉分公司应拆除位于武汉市武昌区中北路白玫瑰花苑×栋×单元 A 室房屋内的光纤传输设备，恢复房屋住宅用途。

问：联通武汉分公司在讼争房屋内放置光纤传输机柜作为数据传输汇聚节点的行为是否属于将住宅改变为经营性用房？

参考答案

二、业主大会

◈ **知识点提炼**

业主大会　定期会议　临时会议　业主大会通知时间　业主投票方式　业主投票期限　会议表决　管理规约和议事规则　首次业主大会　首次业主大会会议的筹备经费

◈ **知识点详解**

业主大会　业主大会由物业管理区域内全体业主所组成。[①] 物业管理区域内只有一个业主或者全体业主一致同意的，可以不成立业主大会，由业主共同履行业主大会职责。

业主大会会议可以采用集体讨论的形式，也可以采用书面征求意见的形式，但是，应当有物业管理区域内专有部分占建筑物总面积过半数的业主且占总人数过半数的业主参加。业主也可以委托代理人参加业主大会会议。

《物业管理条例》规定，对于筹集和使用专项维修资金和改建、重建建筑物及其附属设施的，应当经专有部分占建筑物总面积 2/3 以上的业主且占总人数 2/3 以上的业主同意；对于制定和修改业主大会议事规则、制定和修改管理规约、选举业主委员会或者更换业主委员会成员、选聘和解聘物业服务企业等，应当经专有部分占建筑物总面积过半数的业主且占总人数过半数的业主同意。

定期会议　定期会议的召开应当以业主大会议事规则的规定为准。

临时会议　临时会议的召开需要符合一定的条件，根据《物业管理条例》，经 20% 以上的业主提议，业主委员会应当组织召开业主大会临时会议。《杭州市物业管理条例》规定了应当组织召开业主大会临时会议的情形：（一）经百分之二十以上业主提议的；（二）发生重大事故或者物业管理紧急情况需要及时处理的；（三）区、县（市）房产主管部门或者街道办事处、乡镇人民政府经调查发现业主大会的决定违反业主大会议事规则的约定的；（四）法律、法规、管理规约和业主大会议事规则规定的其他情形。

业主大会通知时间　召开业主大会会议，业主委员会应当于定期会议召开十五日前或者临时会议召开七日前通知全体业主，将会议议题及其具体内容、时间、地点、方式等向全体业主公示，并按照有关规定在本市物业管理信息网络系统填报相

[①]《杭州市物业管理条例》第十八条　一个物业管理区域内的全体业主可以成立一个业主大会。物业管理区域内只有一个业主或者全体业主一致同意的，可以不成立业主大会，由业主共同履行业主大会职责。

关信息。住宅小区召开业主大会会议，应当同时告知相关的居民委员会。

业主投票方式　基于目前无纸化办公以及节约能源、科技发展的号召，业主投票一般应当采用电子方式，但是业主要求提供纸质方式的，业主委员会应当提供。市房产主管部门应当建立业主电子投票系统，并免费提供给业主投票使用。

业主投票期限　投票期限不少于五日且不超过六十日。

会议表决　业主大会会议不得就未公示议题进行表决。会议决定应当以书面形式向全体业主公示。业主共同决定的事项，经符合《中华人民共和国民法典》第二百七十八条第二款①规定人数的业主表决和同意方为有效。

管理规约和议事规则　根据《物业管理条例》，管理规约应当对有关物业的使用、维护、管理，业主的共同利益，业主应当履行的义务，违反管理规约应当承担的责任等事项依法作出约定。

《杭州市物业管理条例》则细化了该规定，其规定：管理规约主要是对物业的使用、维护、管理，业主共同权益，业主义务，共有收入、财务管理、审计，停车管理，印章管理，违反管理规约应当承担的责任等事项依法作出约定。②管理规约对全体业主、非业主使用人具有约束力。

业主大会议事规则应当针对业主大会的名称、议事方式、表决程序及方式，业主委员会的选举、罢免和议事规则、人员组成、职责、任期及职务终止等事项依法作出约定。

管理规约和业主大会议事规则不得违反法律、法规，不得违背公序良俗，不得损害国家利益和社会公共利益，不得有对部分业主显失公平的内容。管理规约和业主大会议事规则的示范文本由市房产主管部门会同市民政部门依法制定。

首次业主大会　当物业管理区域内房屋销售并交付的建筑物面积达到物业建筑物总面积百分之六十以上，或者首套房屋出售并交付满两年且房屋出售并交付的建筑面积达到物业建筑物总面积百分之三十以上的，就可以准备召开首次业主大会。

首次业主大会由物业管理委员会组织召开。物业管理委员会应当拟定管理规约草案和业主大会议事规则草案、制定业主委员会成员候选人产生办法和业主委员会

---

①《中华人民共和国民法典》第二百七十八条第二款　业主共同决定事项，应当由专有部分面积占比三分之二以上的业主且人数占比三分之二以上的业主参与表决。决定前款第六项至第八项规定的事项，应当经参与表决专有部分面积四分之三以上的业主且参与表决人数四分之三以上的业主同意。决定前款其他事项，应当经参与表决专有部分面积过半数的业主且参与表决人数过半数的业主同意。

②《杭州市物业管理条例》第二十一条　管理规约应当对物业的使用、维护、管理，业主共同权益，业主义务，共有收入、财务管理、审计，停车管理，印章管理，违反管理规约应当承担的责任等事项依法作出约定。管理规约对全体业主、非业主使用人具有约束力。业主大会议事规则应当就业主大会的名称、议事方式、表决程序及方式，业主委员会的选举、罢免和议事规则、人员组成、职责、任期及职务终止等事项依法作出约定。管理规约和业主大会议事规则不得违反法律、法规，不得违背公序良俗，不得损害国家利益和社会公共利益，不得有对部分业主显失公平的内容。管理规约和业主大会议事规则的示范文本由市房产主管部门会同市民政部门依法制定。

选举办法、确定业主委员会成员候选人名单，并在首次业主大会会议召开十五日前向全体业主公示。

业主大会自首次业主大会会议表决通过管理规约和业主大会议事规则，并选举产生业主委员会之日起成立。

分期开发的建设项目为一个物业管理区域的，首次业主大会会议应当根据分期开发的物业建筑面积和进度等情况，在业主大会议事规则中明确增补业主委员会成员的办法。建设单位出售该物业管理区域内的房屋时，应当向买受人明示业主大会决定的事项。

首次业主大会会议的筹备经费　首次业主大会会议的筹备经费由建设单位按照物业总建筑面积每平方米一点二元且总额不低于六万元的标准承担。建设单位应当在竣工验收备案前向街道办事处、乡镇人民政府交存筹备经费。筹备经费使用后有结余的，结余部分可以按照业主大会的决定用于物业管理的相关事项。[①]

◆ 选择题

1. 以下哪些事项只能由全体业主或业主大会决定？　　　　（　　）
   A. 业主委员会运行经费的筹集、使用和管理的具体规则及办法
   B. 业主委员会委员工作津贴标准、业主委员会所聘请人员的工作职责和薪酬标准
   C. 使用属于全体业主所有的共有收入或者其他资金，但用于物业管理的紧急需要，且在业主大会议事规则规定的次数和总额限制内的除外
   D. 法律、法规规定的应当由业主共同决定的事项

2. 业主大会的召开包括哪几种类型？　　　　　　　　　　（　　）
   A. 长期会议　　　　　　　　　　B. 定期会议
   C. 临时会议　　　　　　　　　　D. 月度会议

3. 在什么情况下，业主委员会应当组织召开业主大会临时会议？（　　）
   A. 经百分之二十以上业主提议的
   B. 发生重大事故或者物业管理紧急情况需要及时处理的
   C. 物业所在地的区、县（市）房产主管部门或者街道办事处、乡镇人民政府经调查发现业主大会、业主委员会的决定违反业主大会议事规则规定需要及时撤销，书面要求召开的
   D. 法律、法规、管理规约和业主大会议事规则规定的其他情形

4. 业主大会会议表决方式包括　　　　　　　　　　　　　（　　）
   A. 纸质投票　　　　　　　　　　B. 电话投票
   C. 电子投票　　　　　　　　　　D. 口头表决

---

① 《杭州市物业管理条例》第二十三条。

◆ **案例题**

1. 某小区业主委员会于 2016 年 3 月 24 日召开业主委员会会议，作出"遵照 ×× 新城大整治办的意见，并征询了 49 位业主代表的意见，同意将全小区 360 个单元门禁、179 个地库门禁全部列入升级改造，并加入公安监督网"的决议。该小区业主认为，该决议只有业主委员会的 4 位委员到会签字同意，不能代表小区大多数业主的意见，违反了法律规定。该小区业主委员会于 2016 年 3 月、4 月、7 月分三次向某社区居民委员会、某人民政府街道办事处提交关于同意小区单元门禁系统升级、改造的函，并且谎称多数业主已经同意，政府才同意实施小区单元门禁系统升级、改造项目。后小区业主委员会于 2016 年 8 月擅自强行拆除小区二期全部单元门禁，并更换为没有使用价值的现有门禁。此后，小区召开业主大会，784 位业主签字要求恢复原有门禁，但业主委员会拒不执行业主大会的决定。

问：上述 784 位业主签字的行为是否符合召开业主大会临时会议的要求？

参考答案

三、业主委员会

◈ **知识点提炼**

业主委员会　业主委员会职责　任职资格　候选人产生及选举　业主委员会组成　业主委员会印章　候补委员　业主委员会会议　业委会公开信息　委员罢免　业主委员会成员职务终止　任期及换届　资料移交　运行经费　财务管理　审计监督　业主大会、业主委员会自治管理职责

◈ **知识点详解**

业主委员会　是指由物业管理区域内业主代表组成，代表业主利益，向社会各方反映业主意愿和要求，并监督物业公司管理运作的一种组织形式。

业主委员会应当自选举产生之日起三十日内，向物业所在地的区、县人民政府房地产行政主管部门备案。业主委员会委员应当由热心公益事业、责任心强、具有一定组织能力的业主担任。业主委员会主任、副主任在业主委员会成员中推选产生。[1]

业主委员会职责　业主委员会是业主大会的执行机构，履行下列职责：（一）召集业主大会会议，制作、保存业主大会会议记录；（二）按照业主大会议事规则的约定报告业主委员会履职情况；（三）拟定物业服务人选聘、续聘、解聘方案并提请业主大会决定，根据业主大会的决定代表业主与物业服务人订立、解除物业服务合同，监督和协助物业服务人履行物业服务合同；（四）拟定共有部分以及共有收入的使用、管理方案，提请业主大会决定；（五）监督管理规约的执行；（六）调解因物业使用、维护和管理产生的纠纷；（七）法律、法规规定和业主大会赋予的其他职责。

任职资格　业主委员会成员、候补成员应当由热心公益事业、责任心强、具有一定组织能力且具有完全民事行为能力的业主担任。如想要成为业主委员会委员、候补委员的，必须符合以下要求：（一）遵守法律、法规和管理规约；（二）具有必要的工作时间；（三）按照有关规定或者约定，交存物业专项维修资金、交纳需要业主共同分摊的费用，且未恶意拖欠物业费；（四）本人及近亲属未在为本物业管理区域提供物业服务的企业任职；（五）业主大会议事规则约定的其他条件。

候选人产生及选举　候选人一般通过两种方式产生：（一）居民委员会推荐；（二）业主自荐或者联名推荐。物业管理委员会应当在街道办事处、乡镇人民政府的指导下，按照法律、法规的规定和业主大会议事规则的约定审查业主委员会成员候选人的资格条件。业主委员会成员候选人确定后，物业管理委员会应当在选举日的

---

[1] 《物业管理条例》第十六条。

十五日前将候选人的情况向全体业主公示,公示时间不得少于七日。

业主委员会组成　业主委员会委员人数为五人以上十一人以下的单数;户数在一百户以下的,可以由三人组成。业主委员会主任、副主任,由业主委员会委员推选产生。业主大会会议选举产生的业主委员会委员人数未达到业主大会议事规则约定人数,但达到规定的业主委员会最低人数要求并且超过约定人数二分之一的,业主委员会成立。[①]

业主委员会印章　业主委员会可以按照规定刻制业主大会、业主委员会印章。印章一般由业主委员会保管,也可以委托相关的居民委员会保管。使用业主大会、业主委员会印章,应当遵守管理规约和业主大会议事规则的约定。

候补委员　业主委员会可以设立候补委员制度。业主委员会实行差额选举的,未当选业主委员会成员但得票数达到法定票数的候选人,可以当选为业主委员会候补成员,候补成员的任期与业主委员会成员任期相同。业主委员会候补成员可以列席业主委员会会议,但不享有表决权。

业主委员会成员缺额的,可以从业主委员会候补成员中按照得票数依次递补,并向全体业主公示。递补后,业主委员会成员人数仍未达到法定最低人数要求或者未超过业主大会议事规则约定的总人数二分之一的,应当依照规定重新选举。

业主委员会会议　业主委员会会议由主任或者其委托的副主任按照业主大会议事规则的约定或者业主大会的决定组织召开。经三分之一以上业主委员会成员提议召开业主委员会会议的,由提议的成员按照业主大会议事规则的约定组织召开。业主委员会召开会议,应当提前告知相关的居民委员会,并接受其指导和监督。

业主委员会会议应当有过半数的成员出席,作出的决定应当经全体成员过半数同意并签字确认。业主委员会成员不得委托他人参加会议。业主委员会应当自作出决定之日起三日内将决定内容向全体业主公布,并告知相关的居民委员会。

业主委员会会议应当制作会议记录,并由出席的成员签名确认。业主委员会会议记录应当妥善保存,保存时间按照业主大会议事规则或者业主大会的决定确定。业主委员会会议记录的示范文本由市房产主管部门制定。

业委会公开信息　业委会必须公开的信息包括:(一)业主委员会成员和专职工作人员的姓名、职务、联系方式等信息;(二)管理规约、业主大会议事规则;(三)业主大会、业主委员会的决定;(四)物业服务合同;(五)每半年度共有收入筹集、使用的详细情况;(六)每半年度使用业主大会、业主委员会印章情况;(七)依照法律、法规规定以及按照管理规约、业主大会议事规则的约定,应当向业主公开的其他信息。前述信息公开不少于十五日。

委员罢免　业主委员出现法律规定不可为事由的,百分之二十以上业主可以根据法律、法规和业主大会议事规则,提议召开业主大会会议罢免其委员职务,业主委员会也可以按照业主大会议事规则的约定提议业主大会罢免其职务,但已按规定自行终止职务的除外。

---

① 《杭州市物业管理条例》第二十七条。

不可为事由具体如下：

（一）挪用、侵占业主共有财产；

（二）索取、非法收受建设单位、物业服务人或者其他利害关系人提供的利益、报酬，或者利用职务之便要求物业服务人减免物业费等相关费用；

（三）泄露业主个人信息或者将业主个人信息用于与物业管理无关的活动；

（四）伪造或者指使他人伪造业主的选票、表决票、书面委托书或者业主签名，冒充业主或者指使他人冒充业主进行电子投票；

（五）不妥善保管会计凭证、会计账簿、财务会计报告等会计资料，伪造、变造、隐匿、故意销毁会计资料或者不按照规定提供、移交会计资料；

（六）不按照规定刻制、使用、移交业主大会或者业主委员会印章；

（七）损害业主共同利益或者不正当履行职责的其他行为。

被提出罢免的业主委员会成员、候补成员有权向业主大会提出申辩意见。业主委员会成员、候补成员向业主大会提出申辩意见的，业主大会应当在听取申辩意见后作出决定。

业主委员会成员职务终止 业主委员会成员、候补成员任职期间有下列情形之一的，其职务自行终止，由业主委员会确认并向全体业主公布：（一）不再是本物业管理区域业主的；（二）被依法认定为无民事行为能力或者限制民事行为能力的；（三）被依法追究刑事责任的；（四）本人以书面形式提出辞职的；（五）法律、法规规定以及业主大会议事规则约定的其他情形。

任期及换届 业主委员会任期为三至五年。业主委员会在任期届满五个月前，向所在地的街道办事处、乡镇人民政府提交书面报告，报告本届业主委员会届满日期、需要交接的物业重要事项等情况，并按照规定选举产生新一届业主委员会。

街道办事处、乡镇人民政府应当对业主委员会届满的重新选举予以指导。

资料移交 业主委员会任期届满或者因缺额等原因在任期内终止的，应当在任期届满或者终止之日起十日内，在物业管理委员会监督下，将下列资料和财物移交给新一届业主委员会；新一届业主委员会尚未选举产生的，应当移交给物业管理委员会；尚未成立物业管理委员会的，应当移交给相关的居民委员会：

（一）业主委员会会议材料和由业主委员会保管的档案资料、印章；

（二）所有财务会计资料；

（三）由业主委员会保管的属于全体业主共有的财物；

（四）应当移交的其他资料。

业主委员会成员在任期内职务终止的，应当自终止之日起七日内向业主委员会移交上述资料及财物。

运行经费 业主大会、业主委员会的运行经费由全体业主承担。物业管理区域内有共有收入的，运行经费可以在共有收入中列支。

财务管理 业主委员会应当建立财务管理制度。共有收入和业主大会、业主委员会运行经费应当按照会计准则建立账簿。业主委员会应当按照《会计档案管理办法》的规定妥善保管收支原始凭证以及相关会计资料。

审计监督　在出现以下三种情形时，业主委员会或者业主大会应当委托专业机构对共有收入与开支、业主委员会运行经费等收支情况进行审计：（一）业主委员会任期届满的；（二）业主委员会主任或者负责财务管理的业主委员会成员在任期内职务终止的；（三）管理规约、业主大会议事规则约定的其他情形。[①]

业主大会、业主委员会自治管理职责　在物业管理区域内，业主大会、业主委员会应当积极配合相关居民委员会依法履行自治管理职责，支持居民委员会开展工作，并接受其指导和监督。住宅小区的业主大会、业主委员会作出的决定，应当告知相关的居民委员会，并认真听取居民委员会的建议。

◈　**选择题**

1. 业主委员会委员、候补委员必须符合哪些条件？　　　　　　　　（　　）
   A. 具有完全民事行为能力
   B. 遵守法律、法规和管理规约，热心公益事业，责任心强，具有较强的公信力和组织能力，具有必要的工作时间
   C. 按照有关规定或者约定交纳本物业管理区域内物业专项维修资金以及需业主共同分摊的费用，且未恶意欠交物业费
   D. 本人及其近亲属未在为本物业管理区域提供物业服务的企业及其下属单位任职
   E. 履行业主义务，无违反有关法律、法规等规定和管理规约、业主大会议事规则以及损害业主共同利益的其他行为

2. 业主委员会委员候选人可以通过哪些方式产生？　　　　　　　（　　）
   A. 物业管理委员会推荐
   B. 居民委员会推荐
   C. 业主自荐或者联名推荐
   D. 社区书记推荐

3. 业主委员会成立需要符合哪项人数要求？　　　　　　　　　　（　　）
   A. 业主委员会委员人数为五人以上十一人以下的单数
   B. 业主委员会委员人数为六人以上十二人以下的单数
   C. 业主委员会委员人数为七人以上十三人以下的单数
   D. 业主委员会委员人数为八人以上十四人以下的单数

◈　**案例题**

1. 某日，业主程某回家路过小区公告栏时，发现小区业委会在公告栏处张贴了关于维修资金申请使用的情况说明以及其诉小区业委会业主撤销权纠纷一案的传票、民事起诉状，其中民事起诉状载明了程某的出生年月、身份证号码、住址、电话号码等信息。程某认为，身份证号码等属于个人隐私信息，小区业委会未经许可不得

[①]《杭州市物业管理条例》第三十七条。

公开个人信息，故找到小区业委会负责人理论，双方发生纠纷。后程某报警，民警协调后双方未能达成一致意见，程某遂诉至法院，要求小区业委会在其公告栏内向其张贴道歉信，并保留道歉信七天。

　　问：业委会公布的信息是否侵犯了业主程某的隐私权？

参考答案

四、物业管理委员会

◈ **知识点提炼**

物业管理委员会　物业管理委员会人员组成　物业管理委员会主任　物业管理委员会的职责　物业管理委员会任期

◈ **知识点详解**

物业管理委员会　有下列情形之一的，所在地的街道办事处、乡镇人民政府应当及时组建物业管理委员会，区、县（市）房产主管部门应当予以指导，并会同民政部门对物业管理委员会成员开展相关培训：

（一）新交付物业项目尚不具备召开首次业主大会会议条件的；

（二）新交付物业项目具备召开首次业主大会会议条件但是尚未成立业主大会的；

（三）业主委员会任期届满需要换届选举的；

（四）业主委员会因缺额、被罢免等原因在任期内终止需要重新选举的；

（五）已经划分物业管理区域但是尚未实施物业管理的建成居住区需要实施物业管理的。

根据上述规定，物业管理委员会是在特定情况下组建的组织。

物业管理委员会人员组成　物业管理委员会由街道办事处、乡镇人民政府、居民委员会、建设单位各指派一名代表和业主代表组成，成员人数应当为七人以上十一人以下的单数，业主代表的人数不得少于总人数的二分之一；已经成立业主大会的，建设单位可以不再指派人员参加。

业主代表人选　业主代表人选应当符合规定的参选业主委员会成员的条件，由街道办事处、乡镇人民政府通过听取业主意见、召开座谈会等方式，在自愿参加的业主中推荐产生。街道办事处、乡镇人民政府应当在物业管理委员会成立前，在物业管理区域内公示物业管理委员会成员名单，公示时间不得少于七日；业主有异议的，可以向街道办事处、乡镇人民政府提出。

物业管理委员会主任　物业管理委员会主任由街道办事处、乡镇人民政府指派的代表担任。街道办事处、乡镇人民政府应当自物业管理委员会成立之日起三日内，在物业管理区域内以书面形式向全体业主公布其成员名单。

物业管理委员会的职责　物业管理委员会负责组织具备条件的物业管理区域成立业主大会、选举产生业主委员会或者指导换届选举业主委员会。

物业管理区域尚不具备召开首次业主大会会议条件的，或者具备召开首次业主大会会议条件但是尚未成立业主大会的，物业管理委员会应当组织业主依法决定有关共有和共同管理权利的重大事项，并临时代为履行业主委员会的职责。

业主大会未能及时选举产生业主委员会的，物业管理委员会应当组织业主大会履行职责，并按照管理规约和业主大会议事规则的约定临时代为履行业主委员会的职责。

物业管理委员会履行职责应当接受街道办事处、乡镇人民政府的指导和监督。物业管理委员会作出的决定违反法律、法规的，街道办事处、乡镇人民政府应当责令限期改正或者依法撤销，并通告全体业主。

物业管理委员会任期 物业管理委员会的任期一般不超过二年；期满未推动成立业主大会或者选举产生业主委员会的，由街道办事处、乡镇人民政府重新组建物业管理委员会。

◈ 选择题

1. 物业管理委员会在符合什么情形的时候可以产生？ （　　）
   A. 新交付物业项目尚不具备成立业主大会条件的
   B. 具备成立业主大会条件但未成立，经街道办事处、乡镇人民政府指导后仍未能成立的
   C. 业主委员会委员缺额半数以上且未能重新选举产生的
   D. 需要换届选举业主委员会的

2. 街道办事处、乡镇人民政府应当自收到申请之日起（　　）个月内组建物业管理委员会。
   A. 一个月　　　　　　　　　B. 两个月
   C. 三个月　　　　　　　　　D. 四个月

3. 物业管理委员会的人员最多为 （　　）
   A. 5 人　　　　　　　　　　B. 7 人
   C. 9 人　　　　　　　　　　D. 11 人

4. 物业管理委员会中，业主代表的人数应当不少于物业管理委员会委员人数的
   （　　）
   A. 五分之一　　　　　　　　B. 四分之一
   C. 三分之一　　　　　　　　D. 二分之一

◈ 案例题

1. 某小区物业管理委员会由街道办事处、辖区公安派出所、居民委员会各指派一名代表和业主代表组成，成员人数为十人。其中，业主代表的人数为五人。

问：该物业管理委员会的组成是否符合要求？

参考答案

第三章　前期物业管理

一、前期物业选聘

◈　**知识点提炼**

前期物业服务合同订立时间　　前期物业选聘　　物业服务用房

◈　**知识点详解**

前期物业服务合同订立时间　含有住宅物业的建设项目，建设单位应当在取得商品房预售许可证或者进行现房销售前，订立前期物业服务合同。

前期物业选聘　含有住宅物业的建设项目，应当采用公开招标方式选聘物业服务人；投标人少于三个或者物业管理区域的物业总建筑面积较小的，经所在地的区、县（市）房产主管部门批准，可以采用协议方式选聘物业服务人。

同一物业管理区域内的非住宅建筑物面积计入物业管理区域总建筑面积。

建设单位在出售房屋前，应当制定临时管理规约，作为房屋销售合同的附件。建设单位制定的临时管理规约，应当参照市房产主管部门会同市民政部门发布的临时管理规约示范文本，不得侵害买受人的合法权益。

物业服务用房　物业服务用房不属于可销售房屋，其占比应当不少于物业管理区域内实测地上建筑物总面积的千分之七，其中千分之三为办公用房，千分之四为经营用房；若物业管理区域内均为非住宅的，其占比应当不少于实测地上建筑物总面积的千分之三。

在《物业管理条例》中规定了"物业管理用房"。建设单位应当按照规定在物业管理区域内配置必要的物业管理用房。物业管理用房的所有权依法属于业主。未经业主大会同意，物业服务企业不得改变物业管理用房的用途。违反《物业管理条例》的规定，未经业主大会同意，物业服务企业擅自改变物业管理用房的用途的，由县级以上地方人民政府房地产行政主管部门责令限期改正，给予警告，并处 1 万元以上 10 万元以下的罚款；有收益的，所得收益用于物业管理区域内物业共用部位、共用设施设备的维修、养护，剩余部分按照业主大会的决定使用。

物业服务用房的坐落和面积应当在建设工程规划许可证及附件附图中载明，并在办理房屋不动产首次登记前确定。

◆ 选择题

1. 前期物业选聘的方式包括 　　　　　　　　　　　　　（　　）

A. 招投标　　　　　　　　　　　B. 公开推选

C. 协议　　　　　　　　　　　　D. 相关组织推荐

2. 含有住宅物业的建设项目，建设单位应当在（　　）前，通过招标投标选聘物业服务人提供前期物业服务。

A. 住宅物业建设项目完成　　　　B. 房屋产权证明办理完成

C. 办理商品房销售（预售）证　　D. 提供物业服务

3. 含有住宅物业的建设项目，应在（　　）监督下采用公开招标方式选聘物业服务人。

A. 市政府　　　　　　　　　　　B. 区、县（市）房产主管部门

C. 市场监督管理部门　　　　　　D. 住建部门

4. 投标人少于（　　）个的，经区、县（市）房产主管部门批准，可以采用协议方式选聘物业服务人。

A. 二　　　　　B. 三　　　　　C. 四　　　　　D. 五

◆ 案例题

1. 某住宅小区建设单位取得预售证后开始售房，同时对外发布招投标项目，欲选聘物业服务人提供前期物业服务。A、B物业服务公司看到后，立即报名参与该招投标项目。未征求建设项目所在地街道办事处、居民委员会的意见，建设单位直接与A、B采用协议方式选聘物业服务人。

问：上述哪些做法是错误的？

参考答案

二、查验与物业移交

◈ **知识点提炼**

承接查验　承接查验内容　查验前移交资料　物业交接　新建物业房屋所有权首次登记　共有收入专门账户

◈ **知识点详解**

承接查验　物业交付给业主前，建设单位和物业服务人应当在街道办事处、乡镇人民政府监督下，按照规定移交有关图纸资料，共同查验新建物业共有部分。

查验合格的，订立物业承接查验协议；查验不合格的，建设单位应当在三十日内或者在约定期限内返修，并按照规定重新查验。

物业服务人擅自承接未经查验或者查验不合格的物业，因共有部分缺陷给他人造成损害的，应当依法承担相应的法律责任。

由于承接查验环节容易滋生纠纷，且须在街道办事处或乡镇人民政府监督下完成，具体如何操作，相关办法由市政府制定。中华人民共和国住房和城乡建设部2011年1月1日起施行的《物业承接查验办法》也可作为承接查验的依据。

承接查验内容　根据《物业管理条例》的规定，物业服务人承接物业时，应当对物业共用部位、共用设施设备进行查验。

查验前移交资料　根据《浙江省物业管理条例》第二十五条的规定，建设单位向物业服务人移交的材料包括：（一）竣工总平面图，单体建筑、结构、设备竣工图，分幢分层平面图和套型图，物业区域内道路、地下停车库、地下管网工程竣工图等竣工验收资料；（二）共用设施设备清单；（三）设施设备的安装、使用和维护保养等技术资料；（四）物业质量保修和物业使用说明文件；（五）业主名册；（六）物业管理需要的其他资料。

物业交接　建设单位应当在签订物业承接查验协议后，及时向物业服务人移交共有部分、共用设施设备。办理物业交接时，应当签署书面物业交接记录。交接记录应当包括移交资料明细、共有部分明细、交接时间、交接方式等内容。物业项目分期开发建设的，建设单位与物业服务人应当分期办理交接手续，在承接最后一期物业时，办理物业项目整体交接手续。

新建物业房屋所有权首次登记　新建物业办理房屋所有权首次登记时，建设单位应当将物业管理区域内依法属于业主共有的道路、绿地、其他公共场所、公用设施和物业服务用房及其占用范围内的建设用地使用权，按照国家和省、市有关规定一并申请登记为业主共有。

建设单位应当在登记后六十日内，在物业管理区域内主要出入口等显著位置长期公开物业管理区域的建设工程总平面图和承接查验信息，并在图上标明或者文字辅助说明业主共有的道路、绿地、其他公共场所、公用设施和物业服务用房的位置与面积。物业服务人应当对长期公开的建设工程总平面图做好相应维护管理工作。

共有收入专门账户 前期物业服务合同履行期间，物业服务人应当开设共有收入专门账户，定期将共有收入使用、管理的详细情况向全体业主公布，并按照规定在本市物业管理信息网络系统填报相关信息；物业服务人出租物业服务用房中的经营用房等共有部分的，租赁期限不得超过业主大会成立后十二个月，租赁收入在扣除合理成本之后属于业主共有。

选择题

1. 建设单位和前期物业服务人应当在区、县（市）房产主管部门监督下，共同查验新建物业 （　　）

A. 共用部位

B. 共用设施设备

C. 消防设施设备

D. 小区健身设备

2. 物业承接查验不合格的，建设单位应当在（　　）日内或者在约定期限内整改。

A. 十日　　　　B. 二十日　　　　C. 三十日　　　　D. 四十日

3. 对物业管理区域内共用部位、共用设施设备现场查验前，建设单位应当向物业服务人移交的资料包括 （　　）

A. 竣工总平面图

B. 共用设施设备清单

C. 设施设备的安装、使用和维护保养等技术资料

D. 物业质量保修和物业使用说明文件

E. 业主名册

F. 物业管理需要的其他资料

案例题

1. 某小区建设单位未按照规定向前期物业服务公司移交物业资料，业委会直接要求建设单位提供物业移交资料，包括：（一）物业的报建、批准文件，竣工总平面图，单体建筑、结构、设备竣工图，配套设施、地下管线工程竣工图等竣工验收资料；（二）共用设施设备的清单、排水管网平面图、买卖合同复印件，共用设施设备的安装、使用和维护保养等技术资料；（三）共用部位、共用设施设备的质量保修文

件和使用说明文件;(四)供水、排水、供电、供气、通信、有线电视等准许使用文件;(五)物业的使用、维护、管理必需的其他资料。但建设单位认为,根据法律规定其并不负有直接将相关资料移交给业主委员会的义务。

问:业委会能否直接要求建设单位提供前述资料?

参考答案

第四章　物业服务

一、物业选聘、续聘、解聘

◆　**知识点提炼**

物业选聘　物业续聘　物业解聘

◆　**知识点详解**

物业选聘　《杭州市物业管理条例》第四十九条第一款规定，鼓励采用公开招标方式选聘物业服务人；第二款规定，物业服务人应当在物业服务合同订立之日起，将合同副本及相关资料报送所在地的区、县（市）房产主管部门备案。

业主可以自行管理建筑物及其附属设施，也可以委托物业服务企业或者其他管理人管理，[①] 业主大会成立以后由业主大会选聘、续聘或解聘物业服务人，应当由专有部分面积占比三分之二以上的业主且人数占比三分之二以上的业主参与表决，并且应当经参与表决专有部分面积过半数的业主且参与表决人数过半数的业主同意。

由业主委员会或者业主与新物业服务人订立的物业合同生效，但此时前期物业服务合同服务期限尚未届满的，前期物业服务合同自然终止。[②]

业主委员会与业主大会依法选聘的物业服务人订立的物业服务合同，对业主具有法律约束力。

物业续聘　《杭州市物业管理条例》第四十九条第四款规定，物业服务合同期限届满前，业主委员会应当与物业服务人协商合同续订。物业服务人同意续聘的，业主委员会应当组织召开业主大会会议决定是否续聘。业主大会决定续聘的，应当在

---

① 《中华人民共和国民法典》第二百八十四条　业主可以自行管理建筑物及其附属设施，也可以委托物业服务企业或者其他管理人管理。

对建设单位聘请的物业服务企业或者其他管理人，业主有权依法更换。

② 《中华人民共和国民法典》第九百四十条　建设单位依法与物业服务人订立的前期物业服务合同约定的服务期限届满前，业主委员会或者业主与新物业服务人订立的物业服务合同生效的，前期物业服务合同终止。

原合同期限届满前续订物业服务合同；业主大会决定选聘新的物业服务人的，由业主委员会拟定选聘方案，经业主大会表决通过后，以书面形式向全体业主公示。

物业服务合同期限届满九十日前，业主委员会应当与物业服务人协商合同续订，并组织召开业主大会决定是否续聘。

业主大会决定续聘的，应当在原合同届满前重新订立物业服务合同；业主大会决定选聘新的物业服务人的，选聘方案需经业主大会表决通过后以书面形式向全体业主公示。

业主大会决定解聘的，应当提前六十日书面通知物业服务人，但是合同对通知期限另有约定的除外。

若物业服务期届满，物业服务人不同意续订物业服务合同的，物业服务人应当提前九十日通知，但合同另有约定的除外。

物业服务合同届满后，业主未作出续聘或另聘物业服务人的决定的，物业服务人继续提供物业服务的，原物业服务合同继续有效，双方均可以随时解除，但双方应当提前六十日通知。[①]

物业解聘 《杭州市物业管理条例》第四十九条第三款，物业服务合同履行期间，业主提出解聘物业服务人的，应当按照法定程序共同决定。

业主依照法定程序共同决定解聘物业服务人的，可以解除物业服务合同。决定解聘的，应当提前六十日书面通知物业服务人，但是合同对通知期限另有约定的除外，若解除合同造成物业服务人损失的，除不可归责于业主的事由外，业主应当赔偿物业服务人相应的损失。

物业服务合同终止后，在业主或者业主大会选聘的新物业服务人或者决定自行管理的业主接管之前，原物业服务人应当继续处理物业服务事项，并可以请求业主支付该期间的物业费。

◆ 选择题

1. 在业主、业主大会选聘物业管理企业之前，建设单位选聘物业应当 （　　　）
   A. 物业管理合同　　　　　　　　B. 物业服务合同
   C. 前期物业服务合同　　　　　　D. 委托合同

2. 业主大会决定解聘的，应当提前（　　　）日书面通知物业服务人。
   A. 六十　　　　　　　　　　　　B. 三十
   C. 十五　　　　　　　　　　　　D. 十

3. 若物业服务期届满，物业服务人不同意续订物业服务合同的，物业服务人应当提前（　　　）通知，但合同另有约定的除外。物业服务合同届满后，业主未作出续聘或另聘物业服务人的决定的，物业服务人继续提供物业服务的，原物业服务合

---

① 《中华人民共和国民法典》第九百四十八条　物业服务期限届满后，业主没有依法作出续聘或者另聘物业服务人的决定，物业服务人继续提供物业服务的，原物业服务合同继续有效，但是服务期限为不定期。当事人可以随时解除不定期物业服务合同，但是应当提前六十日书面通知对方。

同继续有效，但双方均可以随时解除，但双方应当提前（　　　）通知。

    A. 九十日   B. 六十日   C. 三十日   D. 十五日

    4. 业主选聘和解聘物业服务企业，需要经（　　　）同意。

    A. 业主委员会

    B. 参与表决专有部分占建筑物总面积过半数的业主

    C. 参与表决占总人数过半数的业主

    D. 参与表决专有部分占建筑物总面积过半数的业主且占参与表决总人数过半数的业主

    5. 业主委员会在选聘或解聘物业管理企业时要与物业管理企业（　　　）物业管理服务合同。

    A. 订立   B. 变更   C. 解除   D. 口头约定

    6. 前期物业选聘的方式包括   （　　　）

    A. 招投标   B. 公开推选

    C. 协议方式   D. 相关组织推荐

    7. 含有住宅物业的建设项目，建设单位应当在（　　　）前，通过招标投标选聘物业服务人提供前期物业服务。

    A. 住宅物业建设项目完成   B. 房屋产权证明办理完成

    C. 办理商品房销售（预售）证   D. 提供物业服务

    8. 含有住宅物业的建设项目，应在（　　　）监督下采用公开招标方式选聘物业服务人。

    A. 市政府   B. 区、县（市）房产主管部门

    C. 市场监督管理部门   D. 住建部门

    9. 投标人少于（　　　）个的，经区、县（市）房产主管部门批准，可以采用协议方式选聘物业服务人。

    A. 两   B 三   C. 四   D. 五

❖ 案例题

    1. 小白、小黑、小红系阳光小区业主，小区业委会根据小区管理规约和业主大会议事规则，与小区物业服务人续签物业服务合同，根据统计调查表显示，同意续签合同的业主户数比例为73.59%，面积比例为72.6%。小白、小黑、小红认为业委会与物业服务人存在利益输送关系，故起诉至法院要求确认业委会与小区物业服务人订立的双方合同无效。该三业主未提供证据证明业委会与物业服务人存在利益输送。

    问：该小区的物业服务合同续签是否合法？

参考答案

二、物业服务人义务

◆ **知识点提炼**

物业服务人管理维护义务　对物业服务人的投诉　不得全部转委托　不得对业主停水、停电　安全保障义务　物业服务人答复义务　物业服务人后合同义务

◆ **知识点详解**

物业服务人管理维护义务　物业服务人对业主共有部分物业具有管理和维护义务,《中华人民共和国民法典》第九百四十二条规定,物业服务人应当按照约定和物业的使用性质,妥善维修、养护、清洁、绿化和经营管理物业服务区域内的业主共有部分,维护物业服务区域内的基本秩序,采取合理措施保护业主的人身、财产安全。对物业服务区域内违反有关治安、环保、消防等法律法规的行为,物业服务人应当及时采取合理措施制止、向有关行政主管部门报告并协助处理。

物业服务人有义务对物业服务区域内的建筑物及其附属设施等共有财产进行管理和维护,物业服务人的该项义务是其最主要的义务,这是对业主生活品质及正常生活的主要保障。物业服务人不仅需对物业本身进行维修、养护、清洁、绿化,还需经营管理物业服务区域内的业主共有部分,并对其从事经营利用活动,将由此获得的利益分配给业主。此外,物业服务人还需对物业服务区域内的秩序进行管理并进行安全防范。《杭州市物业管理条例》第五十条第一款[①]对物业服务人该项义务作出了具体规定。

目前很多小区对进入小区的人施行人脸识别,由此产生很多纠纷,《杭州市物业管理条例》第五十条第二款规定,物业服务人不得强制业主、非业主使用人通过提供人脸、指纹等生物信息方式进入物业管理区域或者使用共有部分,不得泄露在物业服务中获取的业主、非业主使用人个人信息,不得强制业主、非业主使用人购买其提供或者指定的商品或者服务,不得侵害业主、非业主使用人的人身、财产权利。

对物业服务人的投诉　《杭州市物业管理条例》第五十条第三款规定,物业服务

[①]《杭州市物业管理条例》第五十条第一款　物业服务人应当按照物业服务合同的约定向物业管理区域派驻负责人员和必要的工作人员,履行下列义务:

（一）提供清洁卫生、绿化养护、秩序维护等基本服务;

（二）依法维护、管理物业管理区域内的公用设施;

（三）建立日常管理档案及共有部分的资料档案;

（四）采取合理措施保护业主、非业主使用人的人身、财产安全;

（五）法律、法规规定和物业服务合同约定的其他义务。

人应当通过本市物业管理信息网络系统或者其他约定方式，听取业主、非业主使用人的意见和建议，并建立投诉受理制度，公开投诉电话等投诉方式，及时接受业主、非业主使用人投诉。物业服务人应当自收到投诉之日起十日内作出答复。投诉人对答复有异议的，可以向房产等有关部门投诉。

物业服务人应及时更新的信息 《杭州市物业管理条例》第五十一条规定，物业服务人应当长期公开、及时更新下列信息：

（一）物业服务项目负责人员、工作人员的姓名、职务、联系方式等；

（二）物业服务内容和标准、收费标准和方式等；

（三）电梯维护保养单位的名称、联系电话和应急处置措施等；

（四）法律、法规、规章规定以及物业服务合同约定应当向业主公开的其他信息。

不得全部转委托 物业服务区域内的建筑物及其附属设施的维护与运作离不开好的物业服务人，但是物业服务基于诸多方面，其服务内容极其繁杂，且有些又颇具专业性，因此物业服务人有时需将物业服务的某些服务事项交给其他专业性机构或者第三人来完成。但是业主对于物业服务人的选择是基于对其的信任及认可，若物业服务人直接将服务委托给其他人可能会影响到业主的利益，因此法律对物业服务人的转委托作出了一些规定。《中华人民共和国民法典》第九百四十一条限制了物业服务人的转委托权①，即物业服务人可以将物业服务区域内的部分专项服务事项委托给专业性服务组织或者其他第三人，但是，物业服务人将物业服务区域内的部分专项服务事项委托给专业性服务组织或者其他第三人的，应当就该部分专项服务事项向业主负责。由于第三人的原因导致物业服务人违反物业服务合同之约定的，物业服务人依然要向业主承担相应的责任。此外，物业服务人只能将物业服务内容的部分委托给专业性服务组织或者其他第三人，不得全部转委托或者将其全部肢解后转委托。

不得对业主停水、停电 实践中因业主不缴纳物业费用，物业公司对业主断水、断电、断气的现象十分普遍，《中华人民共和国民法典》第九百四十四条以及《杭州市物业管理条例》第五十五条②明确规定，即使业主未缴纳物业费，物业公司也不能

---

① 《中华人民共和国民法典》第九百四十一条　物业服务人将物业服务区域内的部分专项服务事项委托给专业性服务组织或者其他第三人的，应当就该部分专项服务事项向业主负责。

物业服务人不得将其应当提供的全部物业服务转委托给第三人，或者将全部物业服务肢解后分别转委托给第三人。

② 《中华人民共和国民法典》第九百四十四条第三款　物业服务人不得采取停止供电、供水、供热、供燃气等方式催交物业费。

《杭州市物业管理条例》第五十五条第二款　业主违反约定逾期不支付物业费的，物业服务人可以催告其在合理期限内支付；业主委员会有权依照法律、法规以及管理规约协助物业服务人催交；合理期限届满仍不支付的，物业服务人可以提起诉讼或者申请仲裁。物业服务人不得采取停止供电、供水、供气等方式催交物业费。

物业服务合同约定预收物业费的，预收期限最长不得超过六个月，且不得超过合同存续的剩余期限。

采取停止供水、供电、供气等方式催缴。若物业管理服务人违反该项规定，由区、县（市）房产主管部门责令限期改正，若逾期不予改正的，处一万元以上五万元以下罚款。①

安全保障义务 《物业管理条例》第四十六条规定，物业服务企业应当协助做好物业管理区域内的安全防范工作。发生安全事故时，物业服务企业在采取应急措施的同时，应当及时向有关行政管理部门报告，协助做好救助工作。物业服务企业雇请保安人员的，应当遵守国家有关规定。保安人员在维护物业管理区域内的公共秩序时，应当履行职责，不得侵害公民的合法权益。故物业服务人需做好物业管理区域内的安全保障义务，对物业管理区域内发生的安全事故，物业服务人应协助做好救助工作。

此外，《中华人民共和国民法典》第一千二百五十四条对物业服务人的安全保障义务作出了一项具体规定，该规定禁止从建筑物中抛掷物品。从建筑物中抛掷物品或者从建筑物上坠落的物品造成他人损害的，由侵权人依法承担侵权责任；经调查难以确定具体侵权人的，除能够证明自己不是侵权人的外，由可能加害的建筑物使用人给予补偿。可能加害的建筑物使用人补偿后，有权向侵权人追偿。物业服务企业等建筑物管理人应当采取必要的安全保障措施防止前款规定情形的发生；未采取必要的安全保障措施的，应当依法承担未履行安全保障义务的侵权责任。发生本条第一款规定的情形的，公安等机关应当依法及时调查，查清责任人。

若因物业服务人未做到相关的防范措施导致安全事故发生的，即使物业服务人已经将部分物业服务工作委托给了其他专业机构或者第三方，物业服务人也应承担未尽安全保障义务的侵权责任。

物业服务人答复义务 建设单位、物业服务企业或者其他管理人等利用业主的共有部分的建筑物及其附属设施产生的收益，在扣除合理成本之后，属于业主共有。但是，在日常生活中物业服务人利用业主共有部分取得的收益往往并没有给予业主，如在电梯张贴商业广告或者安装广告显示屏，或者将共有部分的车位对外出租等。对此，为维护业主的利益，应当赋予业主要求物业服务人公开、报告相关情况的权利。

---

① 《杭州市物业管理条例》第八十六条 物业服务人违反本条例规定，有下列情形之一的，由区、县（市）房产主管部门责令限期改正，可以给予警告或者按照下列规定予以处罚：

（一）未按照规定办理物业服务合同备案或者伪造、篡改备案相关资料的，处五千元以上五万元以下罚款；

（二）以业主拖欠物业费为由，实施停止供水、供电、供气、供热等行为的，处一万元以上五万元以下罚款；

（三）无正当理由拒绝退出物业管理项目的，处十万元以上三十万元以下罚款；

（四）未按照规定开设共有收入专门账户的，处一万元以上三万元以下罚款。

《中华人民共和国民法典》第九百四十三条^①规定，物业服务人应当定期向业主公开并向业主大会、业主委员会报告与物业服务有关的服务事项、负责人员、质量要求、收费项目、收费标准、履行情况，以及维修资金使用情况、业主共有部分的经营与收益情况等。除了对常规事项定期公开，涉及业主共同财产或者共同利益的重要情况，物业服务人也应当及时向业主公开，向业主大会或者业主委员会报告。

此外，《中华人民共和国民法典》第二百八十五条^②对物业的答复义务作出了相应的规定，物业服务人应当接受业主的监督，并及时答复业主对物业服务情况提出的询问。因此，业主有权就上述事项向物业服务人提出询问，物业服务人应当及时予以答复。物业服务人违反上述义务，给业主造成损失的，应当承担相应的违约责任。

物业服务人后合同义务 《中华人民共和国民法典》第九百四十九条规定，物业服务合同终止的，原物业服务人应当在约定期限或者合理期限内退出物业服务区域，将物业服务用房、相关设施、物业服务所必需的相关资料等交还给业主委员会、决定自行管理的业主或者其指定的人，配合新物业服务人做好交接工作，并如实告知物业的使用和管理状况。原物业服务人违反前款规定的，不得请求业主支付物业服务合同终止后的物业费；造成业主损失的，应当赔偿损失。

物业服务合同终止后，当事人仍然负有一定的后合同义务，该义务属于附随义务的一种，是指在合同关系终止后，当事人依据法律法规的规定以及诚实信用原则的要求，对另一方负有保密、协助等义务。物业服务人在合同终止后所应承担的后合同义务主要包括以下内容：第一，在约定期限或者合理期限内退出物业服务区域；第二，妥善交接义务，包括移交物业服务用房和相关设施，以及物业服务所必需的相关资料，配合新物业服务人做好交接工作；第三，如实告知物业的使用和管理状况。物业服务人违反上述义务，不仅不得请求业主支付尚未支付的物业费，造成业主损失的，还应当赔偿损失。

◆ 选择题

1. 物业服务人的一般义务包括　　　　　　　　　　　　　　（　　）
①物业服务人应当按照约定和物业的使用性质，妥善维修、养护、清洁、绿化
②经营管理物业服务区域内的业主共有部分
③维护物业服务区域内的基本秩序

---

① 《中华人民共和国民法典》第九百四十三条　物业服务人应当定期将服务的事项、负责人员、质量要求、收费项目、收费标准、履行情况，以及维修资金使用情况、业主共有部分的经营与收益情况等以合理方式向业主公开并向业主大会、业主委员会报告。

② 《中华人民共和国民法典》第二百八十五条　物业服务企业或者其他管理人根据业主的委托，依照本法第三编有关物业服务合同的规定管理建筑区划内的建筑物及其附属设施，接受业主的监督，并及时答复业主对物业服务情况提出的询问。

物业服务企业或者其他管理人应当执行政府依法实施的应急处置措施和其他管理措施，积极配合开展相关工作。

④采取合理措施保护业主的人身、财产安全

    A.①②③   B.①③④   C.①②③④   D.③④

2. 物业服务人需对哪些人提供物业管理服务及物业服务合同约定的义务？（   ）

    A. 业主   B. 租户

    C. 设立有居住权的人   D. 物业抵押权人

3. 物业服务人未做到下列哪些事项时需向物业权利人承担相应的责任？（   ）

    A. 下雨天小区门口出现大量积水，物业服务人未及时清理、警示，导致业主不慎摔倒

    B. 物业服务合同终止以后，物业服务人未与选聘的新物业服务人交接

    C. 对小区电梯广告收益未及时向业主公开，未向业主大会或者业主委员会报告

    D. 小区里的滑梯坏了一直无人修理，存在严重的安全隐患

4. 下列哪些行为可以受到法院的支持？   （   ）

    A. 物业服务企业违反物业服务合同或者法律、法规、部门规章规定，擅自扩大收费范围、提高收费标准或者重复收费，业主以违规收费为由提出抗辩的

    B. 物业服务企业已经按照合同约定及规定提供服务，业主仅以未享受或者不需接受相关物业服务为由提出抗辩的

    C. 物业服务企业拒绝退出、移交，并以存在事实上的物业服务关系为由，请求业主支付物业服务合同权利义务终止后的物业服务费的

    D. 物业服务合同权利义务终止后，业主请求物业服务企业退还已经预收，但尚未提供物业服务期间的物业服务费的

    E. 业主请求物业服务企业退还已收取的违规费用的

◆ **案例题**

1. 小白是阳光小区的业主，小黑系小白邻居。小黑在其自家窗外搭建了遮阳，该遮阳影响了小白家的采光，小白以物业服务人长城公司对违章建筑搭建没有进行强制制止义务，拒交物业费。而后来，长城公司又以小白没有缴纳物业费为由对小白家里进行停水、停电。小白遂向法院提起诉讼，要求长城公司为其提供供水、供电的义务，并向其赔偿损失3000元。

    问：业主小白的主张能否得到支持？

2. 秦某是花园小区的业主。某日，秦某骑电动车出门上班，经过小区门口时，由于地面湿滑，秦某撞到电动车及行人通道的钢栅栏，随即连人带车摔倒在地。秦某随后被送到附近医院进行住院治疗。事发当天下雨导致地面积水，且电动车及行人通道非常狭窄，严重影响通行，而物业公司未及时清理和警示积水，亦未及时对狭窄的通道进行整改。后秦某诉至法院，要求物业公司赔偿医疗费、误工费等各项损失。

问：物业公司是否需要承担秦某受伤的损失？

3. 董某系位于南京市某小区的业主，其房屋建筑面积为 76.71 平方米，房屋夹层面积为 72.94 平方米。自 2016 年 1 月起，董某未向物业公司缴纳上述房屋的物业服务费。董某有一辆汽车停放在小区的临时车位（地面），其未向物业公司支付 2016 年 1 月之后的停车费。

2011 年 12 月 23 日，物业公司与小区业委会签订了《物业服务委托合同》，约定：物业公司为小区提供物业服务，服务期限自 2012 年 1 月 1 日起至 2013 年 12 月 31 日止；多层住宅物业服务费的收费标准为 0.7 元／月／平方米（包括公摊水电费 0.1 元／月／平方米），夹层物业服务费收费标准为 0.2 元／月／平方米；停车费收费标准为固定车位（地面）120 元／月／车，固定车位（地下）280 元／月／车，临时车位（地面）100 元／月／车。合同到期后，物业公司继续在该小区内提供物业服务。

2015 年 8 月 25 日，小区业主大会通过决议，作出了不同意续聘该物业公司在该小区进行物业服务的决定，业委会将公开投票的结果在小区进行了公示，并向小区所在地的街道物业管理办公室进行了备案。2015 年 9 月，物业公司知晓了上述决议的内容。2015 年 9 月 14 日，业委会向物业公司发出《关于物业服务时间到期函告》，将业主大会不同意物业公司继续留用的结果告知物业公司，并通知物业公司对小区的物业服务时间至 2015 年 12 月 31 日到期。物业公司不接受业主大会的决议，提供了一份其与业委会于 2015 年 3 月 1 日签订的《物业服务委托合同》，该合同约定服务期限自 2015 年 3 月 1 日起至 2020 年 2 月 28 日止，并据此拒不撤出小区。

2015 年 10 月，业委会诉至一审法院，要求物业公司于 2015 年 12 月 31 日前撤出小区物业服务区域并移交物业管理权等。2016 年 3 月 23 日，一审法院作出（2015）建民初字第 4210 号民事判决书，认定物业公司与业委会于 2015 年 3 月 1 日签订的《物业服务委托合同》因未经业主大会决定，不发生法律效力，并判令物业公司于判决生效后十五日内撤出小区物业服务区域，并移交物业管理权。物业公司不服一审判决，向南京市中级人民法院（以下简称"南京中院"）提起上诉，南京中院于 2016 年 8 月 15 日作出（2016）苏 01 民终 4765 号民事判决书，判决驳回上诉，维持原判。因物业公司未履行生效裁判文书确定的撤出小区的义务，业委会向一审法院申请执行。2016 年 9 月 14 日，物业公司与业委会在一审法院签订执行和解协议一份，约定：物业公司交出业主台账等，2016 年 8 月 31 日前双方账目已结清，对外债务由物业公司负担。

2016 年，物业公司缴纳了小区 2016 年 1 月至 8 月的公摊水费合计 3014 元，并继续留用部分工作人员在该小区提供了一定的物业服务。目前，物业公司已经实际收取了小区部分业主 2016 年 1 月以后的物业服务费，该物业服务费中所包含的公摊水电费金额已超过物业公司代缴的上述 3014 元。业委会要求以物业公司收取的 2016 年 1 月以后的公摊水电费与物业公司缴纳的 2016 年 1—8 月的公摊水电费进行冲抵，如有业主提出异议，业委会承担责任，物业公司对此亦予以认可。

问：（1）物业公司和董某物业服务合同权利义务终止的时间如何确定？

（2）如果董某和物业公司双方权利义务于 2015 年 12 月 31 日终止，在物业公司已于 2016 年 1 月 1 日至同年 8 月 31 日期间为小区提供了一定事实服务的情况下，董某是否应缴纳相应的物业服务费和停车费？

参考答案

三、突发事件应对

◆ **知识点提炼**

突发事件应对

◆ **知识点详解**

突发事件应对 《杭州市物业管理条例》第七十三条规定，共有部分发生下列危及公共安全或者严重影响业主居住使用的紧急情况的，物业服务人应当及时报告业主委员会，并采取必要安全措施或者应急措施：

（一）电梯严重故障；

（二）消防设施、器材严重损坏；

（三）建筑外立面存在脱落危险；

（四）围墙、道路坍塌；

（五）屋顶、外墙渗漏；

（六）排水设施严重堵塞或者损坏。

发生前款规定的紧急情况，需要立即使用物业专项维修资金对共有部分进行维修和更新、改造的，维修方案经业主委员会审核，并经所在地的街道办事处、乡镇人民政府或者受其委托的居民委员会确认后，可以不经业主共同决定，直接申请使用物业专项维修资金。

工程完工后，业主委员会应当组织验收，并委托专门机构进行决（结）算审计；所在地的街道办事处、乡镇人民政府应当及时确认工程完成情况，并将确认后的相关维修方案和工程完成情况报区、县（市）市场监管、消防救援、城乡建设、房产等相应主管部门备案，由相应主管部门对工程完成情况进行监督检查。

◆ **选择题**

1.物业服务人应对发生突发事件所需的费用的支付方式有 （　　）

A.包含在物业费中　　　　　　　　B.按物业合同约定支付

C.由物业专项维修资金支付　　　　D.按物业服务合同约定支付

2.物业服务人对火灾、治安、公共卫生等突发事件有（　　），事发时物业服务人应及时报告业主委员会和有关部门，并协助采取相应措施。

A.应急预案　　　　　　　　　　　B.应急救援

C.应急措施　　　　　　　　　　　D.应急工具

◈ **案例题**

1.某市突发特大暴雨，该市 A 小区出现围墙、道路坍塌，屋顶、外墙渗漏，排水设施严重堵塞和损坏。在此情况下，为了小区业主的安全考虑，该小区物业服务公司需要动用物业专项维修资金进行共有部分的维修和更新、改造。

问：在这种情况下是否要征得业主共同决定来动用物业专项维修资金进行共有部分的维修和更新、改造？如果不需要，那么应该怎样动用物业专项维修资金？

参考答案

四、物业费的收取、调整与能耗分摊

◆ **知识点提炼**

物业费的承担　物业收费标准　物业费收费方式　物业费的调整　费用分摊　提高收费

◆ **知识点详解**

物业费的承担　《杭州市物业管理条例》第五十五条第一款规定，物业交付给业主前，物业费由建设单位承担。物业交付给业主后，物业费由业主按照物业服务合同的约定承担；当事人另有约定的，从其约定。各级人民政府、主管部门、居民委员会委托物业服务人实施物业服务合同约定以外的公共服务事项的，应当支付相关费用。

若是物业服务人已经按照约定和有关规定提供服务的，哪怕业主不在该物业区域内居住，也不得以未接受或者无需接受相关物业服务为由拒绝支付物业费。

物业收费标准　《杭州市物业管理条例》第五十二条规定，除按照国家和省有关规定实行政府指导价的以外，物业服务收费实行市场调节价。

物业服务收费实行政府指导价的，具体范围和收费标准由市发展和改革主管部门会同市房产主管部门根据省有关规定确定，并根据物业服务成本变化情况等因素进行调整。物业服务收费实行市场调节价的，物业管理协会可以在房产主管部门的指导、监督下，根据本行政区域经济发展水平和成本变动情况，定期发布各类物业服务内容、服务标准及参考价格。

物业费收费方式　物业服务费可以预收，具体由物业管理企业按照与业主委员会签订的《物业服务合同》所约定的时限向业主、使用人收取；未作约定的，预收期不得超过 12 个月。物业服务费自房屋交付使用、购房者（业主）领取钥匙次月起计收。

收费、电费、燃气费等不包括在物业费中，以上费用应由专业单位向最终用户收取，专业单位不得强制物业服务人代收费用，不得因物业服务人拒绝代收费用而停止向最终用户提供服务。

物业服务人接受专业单位委托代收费用的，可以根据约定向专业单位收取劳务费。物业服务人不得向业主收取手续费、周转金、保证金等费用，但法律、法规等另有规定的除外。

物业服务人退出物业管理区域时已代收但未向专业单位缴清的费用，专业单位应当向原物业服务人追缴，不得因未缴清费用而停止向用户提供服务。

物业服务合同的权利义务终止后，物业服务人应退还业主已经预收，但尚未提供物业服务期间的物业费。

物业费的调整 物业费标准应当保持相对稳定，《杭州市物业管理条例》第五十三条对物业服务人调整物业服务收费标准作出了具体规定，即因职工最低工资标准调整或者其他物业服务成本发生较大变化等原因，需要调整物业服务收费标准的，应当遵守下列规定：

（一）物业服务人委托专业机构对上一年度本物业服务项目的经营情况进行审计，并将审计报告提交业主委员会；

（二）物业服务人拟定收费标准调整方案，包括调整范围和理由，提交业主委员会；

（三）业主委员会将审计报告、收费标准调整方案公示三十日以上；

（四）业主委员会将调整方案提交业主大会决定。

物业服务人应当将物业收费标准的调整事项和结果及时报告所在地的街道办事处、乡镇人民政府和相关的居民委员会。

费用分摊 《杭州市物业管理条例》第五十四条规定含有住宅的物业管理区域内共有部分的水、电费用需要分摊的，物业服务人应当按照收费周期及时向业主公开用量、单价、金额等情况，由业主按照约定方式分摊；没有约定或者约定不明确的，按照业主专有部分面积所占比例分摊。在《杭州市物业管理条例（修订草案）》中规定了物业服务人不得将下列费用列入分摊：（一）物业服务人办公、生活的自用水电费用；（二）物业服务区域内地下停车场、绿化养护、园林水池喷泉、值班室、保安亭的水电费用；（三）在物业服务区域内开展喜庆、宣传、评比、装饰等公共活动的费用；（四）利用共用部位、共用设施设备开展经营活动的水电费用。但在正式实施的《杭州市物业管理条例》中删除了该规定。

浙江省物价局、省建设厅《浙江省物业服务收费管理实施办法（试行）》（浙价服〔2005〕80号）第十七条对高能耗设施运行所需电费的分摊作出了特别的规定，电梯及由物业管理企业管理的增压水泵等高能耗设施运行所需电费可列入物业服务成本，也可单独按实另行分摊，具体由各地价格主管部门确定。无电梯、增压水泵等高能耗设施、设备的多层住宅，业主享受公共性服务除向物业管理企业缴纳物业服务费外，不再分摊其他费用。

提高收费 物业服务收费标准的确定主要是依据政府相关部门下发的文件以及双方签订的《物业管理服务合同》，在双方没有明确规定的情况下，只有物业管理服务达到一定优秀标准并且征得有关机关肯定后才能够提高物业管理费水平，物业服务公司单方面提高收费的行为是违约行为。

◆ **选择题**

1.物业服务人预收物业服务费最长不得超过 （ ）

A. 12个月 B. 9个月 C. 6个月 D. 3个月

2. 物业服务人可以对下列哪些费用进行分摊？（　　　）

　　A. 物业服务人办公、生活的自用水电费用

　　B. 物业服务区域内地下停车场、绿化养护、园林水池喷泉、值班室、保安亭的水电费用

　　C. 利用共用部位、共用设施设备开展经营活动的水电费用

　　D. 小区电梯以及大堂、走廊、楼梯、小区道路和场地等公共照明产生的电费

3. 物业交付前，物业费由（　　　）承担。

　　A. 物业公司　　　　　　B. 全体业主　　　　　　C. 建设单位

4. 业主不按照规定缴纳物业费时，物业服务公司可以采取什么方式维护自己的权益？（　　　）

　　A. 停止供电、供水、供气、供热等

　　B. 向人民法院起诉

　　C. 申请仲裁

◆ 案例题

1. 花园小区建设单位系蓝天发展有限公司，其与物业服务人阳光公司签订了《前期物业服务合同》，物业费为每月 2.8 元／平方米，管理费以及其他应缴费用按月结算，阳光公司制定管理费的收费标准，可在超过二分之一物业所有权人或使用人同意的前提下根据市场变化情况对管理费收费标准进行调整。后来，蓝天公司与阳光公司重新签订了《前期物业服务合同》约定，按每月 6 元／平方米的标准向业主或物业使用人收取。花园小区至今未成立业主委员会。后小区业主将阳光公司诉至法院，要求按照原先的物业费标准缴纳物业费用。

　　问：小区业主要求按照原物业费标准缴纳费用的主张能否得到支持？

2. 某小区物业服务人按照约定和有关规定提供物业管理服务，该小区业主李某认为自己住在一楼，声称自己未接受也无需接受电梯服务，因此拒绝缴纳相关物业管理费用，物业服务人多次催收未果，采取停止供电、供水、供气、供热等方式来迫使李某缴纳相关物业管理费用。

　　问：（1）李某是否有权以自己未接受也无需接受电梯服务为由，拒绝缴纳相关物业管理费？

　　　　（2）物业服务人能否采取停止供电、供水、供气、供热等方式迫使李某缴纳物业管理费？如果不能，物业服务人应该如何维护自己的合法权益？

参考答案

五、业主转让、出租物业情形

◈ **知识点提炼**

物业转让、出租的情形

◈ **知识点详解**

物业转让、出租的情形 业主转让建筑物内的住宅、经营性用房，其对共有部分享有的共有和共同管理的权利一并转让。业主转让、出租物业专有部分、设立居住权或者依法改变共有部分用途的，应当及时将相关情况告知物业服务人。[①]

现实生活中若业主将其物业转让、出租或设立居住权的，其应当将管理规约、物业收费标准告知受让人、承租人或者居住权人，并将相应的物业转让、出租及设置居住权情况告知业主委员会以及物业服务人。若出租物业或者设置居住权的，业主需和居住权人以及承租人约定物业费由谁承担。[②]

◈ **选择题**

下列哪些情况下，业主应将相关情况告知物业公司？　　　　　　（　　）

　　A. 业主将其房屋卖给他人　　　　　　B. 业主将其房屋出租给他人

　　C. 业主将其配偶登记为居住权人　　　D. 业主将其房屋借给朋友使用

◈ **案例题**

1. 小白为某小区房屋的业主，A 物业公司为该小区提供物业服务。后小白向小黑转让了其所有的房屋并办理了过户。小黑多次拖欠物业费，A 公司遂将小白和小黑共同起诉至法院，A 公司认为小白、小黑均未通知物业公司有关房屋过户的事宜，也未到物业公司办理相应的变更手续，故而小白应向 A 公司支付小黑拖欠的物业费，小黑应对小白拖欠的物业管理费用承担连带清偿责任。

问：小黑是否要对小白所欠物业费承担连带责任？

---

① 《中华人民共和国民法典》第九百四十五条　业主转让、出租物业专有部分、设立居住权或者依法改变共有部分用途的，应当及时将相关情况告知物业服务人。

② 《杭州市物业管理条例》第五十六条　业主转让、出租物业或者设立居住权的，应当将管理规约、物业服务收费标准等事项告知受让人、承租人或者居住权人，并自合同签订之日起十五日内，将物业转让、出租或者设立居住权的相关情况告知业主委员会和物业服务人。

2. 某物业公司自 2008 年 1 月开始管理 A 小区，甲业主一直拒交物业管理费，物业公司多次催讨无果，遂提起诉讼。该业主辩称自己虽出资购买和使用该房屋，但该房屋产权尚未转到自己名下，故物业公司应向房屋产权人主张物业管理费；且自己不从小区进出，故即使要支付也应扣除其中的保安、保洁费。法院审理认为，该小区业主大会通过的决议对全体小区业主均具有约束力，且甲业主在购买房屋时，相关人员已经明确告知相关权利及义务。

问：甲业主能否以尚未办理产权转让为由拒交物业管理费？请说明理由。

参考答案

六、共有收入

◈ **知识点提炼**

共有部分　共有收入　侵害业主共有收入的法律责任

◈ **知识点详解**

共有部分　《中华人民共和国民法典》第二百七十四条规定,建筑区划内的道路,属于业主共有,但是属于城镇公共道路的除外。建筑区划内的绿地,属于业主共有,但是属于城镇公共绿地或者明示属于个人的除外。建筑区划内的其他公共场所、公用设施和物业服务用房,属于业主共有。此外,第二百七十五条规定,建筑区划内,规划用于停放汽车的车位、车库的归属,由当事人通过出售、附赠或者出租等方式约定。占用业主共有的道路或者其他场地用于停放汽车的车位,属于业主共有。

《最高人民法院关于审理建筑物区分所有权纠纷案件具体应用法律若干问题的解释》第三条规定:"除法律、行政法规规定的共有部分外,建筑区划内的以下部分,也应当认定为民法典第二编第六章所称的共有部分:(一)建筑物的基础、承重结构、外墙、屋顶等基本结构部分,通道、楼梯、大堂等公共通行部分,消防、公共照明等附属设施、设备,避难层、设备层或者设备间等结构部分;(二)其他不属于业主专有部分,也不属于市政公用部分或者其他权利人所有的场所及设施等。建筑区划内的土地,依法由业主共同享有建设用地使用权,但属于业主专有的整栋建筑物的规划占地或者城镇公共道路、绿地占地除外。"

故业主共有部分物业主要包括以上部分。

共有收入　利用小区共有部分的收入归全体业主所有,《中华人民共和国民法典》第二百八十二条规定,建设单位、物业服务企业或者其他管理人等利用业主的共有部分产生的收入,在扣除合理成本之后,属于业主共有。此外,《杭州市物业管理条例》第六十条也对此作了进一步具体规定,即物业服务人按照物业服务合同的约定,对物业服务用房中的经营用房等共有部分进行经营产生的收入,在扣除合理成本之后属于业主共有。

共有收入委托物业服务人管理的,物业服务人应当开设专门账户,不得与物业服务人其他收支合用账户,并应定期公开共有收入的详细收支情况。共有收入由业主委员会管理的,应当以业主委员会名义开设专门账户,不得以任何个人或者其他组织名义开设账户。业主委员会应当定期委托专业机构对共有收入的收支情况进行审计,并将审计结果向全体业主公布。

共有收入应当主要用于补充物业专项维修资金,但补充后达到首期交存金额的可以停止补充，也可以根据业主大会的决定用于共有部分保修期满后的维修、更新、改造或者物业管理的其他需要。

侵害业主共有收入的法律责任 《杭州市物业管理条例》第八十六条中有一款是这么规定的：物业服务人未按规定开设共有收入专门账户的，由区、县（市）房产主管部门责令其限期改正，并可以给予其警告或者处一万元以上三万元以下罚款。

◈ 选择题

1. 下列哪些属于共有收入？　　　　　　　　　　　　　　　　（　　）

    A. 小区公共区域的广告收益　　　　　B. 小区公共区域的停车位收益

    C. 小区公共区域内租赁的摊位收益　　D. 利用小区公共配套设施收益

2. 利用小区共有部分的收入归（　　　）所有。

    A. 物业服务人　　　　　　　　　　　B. 建设单位

    C. 全体业主　　　　　　　　　　　　D. 其他管理人

◈ 案例题

1. 李某搬进新买的房屋，入住不久就发现电梯、小区墙面等较为显眼的地方都有挂有一些公司的商业广告，李某便询问该小区物业服务公司，这些广告商支付的广告费的详细收支情况，物业服务公司认为李某是多管闲事，对其爱答不理，李某十分恼火，便咨询了自己的一个调解员朋友。

问：假如你是李某的这位调解员朋友，你应该如何为其解答？

参考答案

七、业主自行管理

◈ **知识点提炼**

业主自行管理　专项维修基金的自行管理

◈ **知识点详解**

业主自行管理　《中华人民共和国民法典》明确规定，业主可以自行管理物业，但是其管理需符合一定的规范。

《杭州市物业管理条例》第五十七条第一款规定，物业服务合同终止且业主大会选聘新的物业服务人或者决定自行管理的，原物业服务人应当自终止之日起十五日内退出物业管理区域，向业主委员会、决定自行管理的业主或者其指定的人移交共有部分和物业管理档案资料、物业承接查验资料，以及受委托管理的共有收入等相关财物，合同另有约定的从其约定。前期物业服务合同终止的，移交应当在街道办事处、乡镇人民政府监督下进行。

专项维修资金的自行管理　《浙江省物业专项维修资金管理办法》第四条规定，专项维修资金实行业主自主管理与政府代为管理的方式，法律鼓励业主通过民主、协商的原则实行业主自主管理。物业主管部门应加强指导，督促业主成立业主大会，实行业主自主管理。实行业主自主管理的，应召开业主大会，经该物业管理区域内专有部分占建筑物总面积 2/3 以上的业主且占总人数 2/3 以上的业主同意，由业主大会授权业主委员会负责专项维修资金的日常管理。此外，《浙江省物业专项维修资金管理办法》第八条、第十六条规定了业主管理的具体流程，实行业主自主管理的，由业主委员会提出，经物业管理区域内专有部分占建筑物总面积 2/3 以上的业主且占总人数 2/3 以上的业主同意后，由业主委员会组织实施。业主委员会应持业主大会决定及书面报告通知维修资金管理机构，并报所在地设区的市、县物业主管部门备案。维修资金管理机构应当在收到通知之日起 30 日内，将该物业小区物业专项维修资金本息连同有关账册一并移交业主委员会。业主自行管理专项维修基金要严格按照《住宅专项维修资金管理办法》进行使用。

◈ **选择题**

1.专项维修基金业主实行自行管理的，由业主委员会提出，经物业管理区域内（　　　　）同意后，由业主委员会组织实施。

　　A.专有部分占建筑物总面积 2/3 以上的业主且占总人数 2/3 以上的业主

　　B.专有部分占建筑物总面积 1/2 以上的业主且占总人数 2/3 以上的业主

C. 专有部分占建筑物总面积 1/2 以上的业主且占总人数 1/3 以上的业主

D. 专有部分占建筑物总面积 2/3 以上的业主且占总人数 1/2 以上的业主

2. 住宅专项维修资金的使用，应当遵循的原则有　　　　　　　　　　（　　　）

A. 方便快捷

B. 公开透明

C. 受益人和负担人相一致

参考答案

第五章　物业使用与维护

一、专业设施移交与管理

◆ **知识点提炼**

共用设施设备　专业单位　专业设施移交　不予接受移交的情况　专业设施管理　违反规定移交或管理的法律责任

◆ **知识点详解**

共用设施设备　是指根据法律、法规和房屋买卖合同，属于业主共有的附属设施设备，一般包括电梯设备、共用供排水设施（包括建筑区划内共用的管道、管渠、出户管、接户井、接驳井、检查井、水质检测井、雨水口、泵房、水箱、加压水泵、闸门井、雨水径流控制设施、隔油池、沉淀池等供排水设施设备）、公共照明设施（包括照明供电线路、路灯）、安防设施、消防设施、通信设施（包括通信线路、通信管道、通信暗管）、避雷设施、环境卫生设施、燃气管道、沟渠、池、井、信报箱、宣传栏等。《浙江省物业管理条例》第五十八条第二款[①]对共用设施设备进行了明确。

设区的市、县（市、区）物业主管部门会同相关行政主管部门负责本行政区域相关共有设施设备建设施工、移交接收、维修养护、更新改造的指导和监督。

建设单位应当按照国家有关标准和经批准的规划设计方案，配套建设物业相关共有设施设备。共有设施设备应当由具有相应资质的单位施工（安装）。

在物业开发建设过程中，前期物业服务企业应当从有利于后期物业管理与维护的角度，就共有设施设备的安装位置、管线走向等事宜向建设单位提出合理性建议，参与共有设施设备的安装、调试等工作。

---

① 《浙江省物业管理条例》第五十八条第二款　本条例所称共用设施设备，是指物业管理区域内属于全体业主或者单幢物业的业主、非业主使用人共同使用的供水箱、水泵、排水管道、窨井、化粪池、垃圾箱（房）、电梯、楼道照明设施、小区道路照明设施、安全防范智能系统、避雷装置、单元防盗门、文化体育设施和区域围护等设施设备。

建设单位在与生产厂家、安装单位签订设施设备购买（安装）协议时，应当约定由生产厂家、安装单位负责接管单位或物业服务企业技术人员的操作培训，并督促、协调设备的生产厂家、设计、施工安装等单位共同配合前期物业服务企业开展工作。

专业单位　是指承担城市公共服务的给排水、供电、燃气、供热、通信、有线电视等专业单位。

专业设施移交　是指在物业交付前，建设单位应当依照有关规定将经相关专业单位、建设单位共同验收合格的设施设备（包括但不限于供水、供电、供气、供热、通信、有线电视、人防等）移交给相关专业单位受托管理、移交有关技术资料。在物业交付时，应当将有关设施设备移交专业单位管理的情况进行公示。相关专业单位应当及时验收建设单位移交的专业设施设备。

专业单位在接管已交付使用住宅小区时，发现共有设施设备运转不正常或存在安全隐患时，应当会同业主委员会或街道办事处、社区居民委员会，将设施设备修复正常、消除隐患后，办理接收管理手续。

违反相关规定，专业单位无正当理由拒绝、拖延接收管理物业区域共有设施设备的，由设区的市、县人民政府责令限期接收管理。具备接收管理条件的，专业单位接收管理不及时，造成物业区域内业主正常生活受到影响或人身安全和财产受到损害的，专业单位应当承担相应的赔偿责任。

物业管理区域内依法属于全体业主共有的供水、供电、供气、供热、通信、有线电视等设施设备，经业主大会决定可以移交给相关专业单位，相关专业单位应当接收，并承担维修、更新、养护责任。

不予接受移交的情况　设施设备、管线经相关专业单位验收不合格的；对设施设备未约定相应保修期的；设施设备的技术资料不齐全的。出现以上情况时，专业单位是可以不予接收管理的，但是经建设单位或生产厂家、安装单位维护、整改后，共有设施设备符合条件的，相关专业单位应当及时予以接收管理。

专业设施管理　相关专业单位在接收管理物业区域内的共有设施设备后，应当及时做好共有设施设备的维修、养护、更新改造，确保物业区域内的共有设施设备安全运转，并保证全体业主能够正常使用。

相关专业单位接收管理物业区域共有设施设备后所发生维修、养护、更新改造等费用，在企业成本中列支。如果专业单位要委托物业服务人代收代交有关费用、负责设施设备日常维修养护的，应当签订委托协议，明确维修养护的主要事项和费用支付的标准与方式；未约定或者约定不明确的，由专业单位自行负责相关工作。专业单位应当在实施共有设施设备维修、养护、更新改造前7日内进行公示，告知物业区域全体业主与物业服务人。

物业区域内按照规划建设的共有设施设备，不得改变用途。业主依法确需改变公共建筑和共用设施用途的，应当在依法办理有关手续后告知物业服务企业；物业服务企业确需改变公共建筑和共用设施用途的，应当提请业主大会讨论决定同意后，由业主依法办理有关手续。专业单位认为确需改变共有设施设备用途的，首先应当提请业主大会讨论决定，经业主大会同意后由专业单位依法办理相关手续，手续办理完毕后再予以实施。

因物业维修或者公共利益，业主确需临时占用、挖掘道路、场地、绿地及其他共用部位、共用设施设备的，应当征得业主委员会、物业服务企业和直接利害关系人的同意，并依法办理相关手续。物业服务企业确需临时占用、挖掘道路、场地、绿地及其他共用部位、共用设施设备的，应当征求直接利害关系人的意见，征得业主委员会同意，事先在物业管理区域内公告，并依法办理相关手续。专业单位在实施维修、养护、更新改造过程中确需临时占用、挖掘道路、场地、绿地及其他共有部分、其他设施设备的，应当事前公示告知全体业主并征得业主委员会、物业服务企业和直接利害关系人的同意，依法办理相关手续；广大业主、物业服务企业应当给予配合与支持。

业主、物业服务企业、专业单位临时占用、挖掘道路、场地、绿地及其他共用部位、共用设施设备的，应当采取措施保障通行安全，并及时恢复原状。

如果要利用物业共用部位、共用设施设备进行经营的，应当在征得相关业主、业主大会、物业服务企业的同意后，按照规定办理有关手续。业主所得收益应当主要用于补充专项维修资金，也可以按照业主大会的决定用于物业管理方面的其他需要。

违反规定移交或者管理的法律责任 《浙江省物业区域相关共有设施设备管理办法》第十三条规定，专业单位如果无正当理由拒绝、拖延接收管理物业区域共有设施设备的，由设区的市、县人民政府责令限期接收管理。具备接收管理条件的，但专业单位接收管理不及时，使物业区域内业主正常生活受到影响或人身安全和财产受到损害的，专业单位应当承担相应的赔偿责任。

《物业管理条例》第五十七条规定，建设单位如果擅自处分属于业主的物业共用部位、共用设施设备的所有权或者使用权的，县级以上地方人民政府房地产行政主管部门有权对其罚款；造成业主损失的，建设单位还应当承担赔偿责任。

◈ **选择题**

1. 共有设施设备有下列哪些情形时，相关专业单位可以不予接收管理？ （　　　）

A. 设施设备、管线经相关专业单位验收不合格的

B. 对设施设备未约定相应保修期的

C. 设施设备的技术资料不齐全的

D. 设施设备的安全不合格的

2. 相关专业单位在接收管理物业区域内共有设施设备后，应当及时做好共有设施设备的哪些工作？ （　　　）

A. 维修　　　　B. 养护　　　　C. 更新　　　　D. 改造

3. 专业单位认为确需改变共有设施设备的，应当提请（　　　）讨论决定同意后，由专业单位依法办理相关手续后予以实施。

A. 业主委员会　　　　　　　　B. 物业服务人

C. 业主大会　　　　　　　D. 街道办公室

4. 专业单位（　　），应当采取措施保障通行安全，并及时恢复原状。

A. 临时占用　　　　　　　B. 挖掘道路

C. 场地　　　　　　　　　D. 绿地及其他共有部位

E. 其他设施设备

◆ 案例题

1. 2010 年 4 月 7 日，某物业管理有限公司与某房地产开发有限公司签订《前期物业服务合同》，合同约定：本物业管理区域内属于全体业主所有的停车位、物业管理、经营用房及其他物业共用部位、共用设备设施统一委托某物业管理有限公司经营，经营收入归其所有，以弥补物业管理费不足。2015 年 9 月 26 日，该物业管理公司将某小区的物业管理用房出租给一家公司，约定：租赁期限自 2015 年 10 月 15 日起至 2023 年 9 月 14 日；2015 年 10 月 15 日起至 2019 年 9 月 14 日，每年租金 20 万元。该物业管理有限公司实际已经收取 5 年租金，共计人民币 100 万元。

问：该物业管理有限公司是否属于擅自处分属于业主的物业共用部位、共用设施设备的所有权或者使用权？应当受到什么处罚？

参考答案

二、加装电梯

◈ 知识点提炼

老旧小区住宅　既有住宅　加装电梯应遵循的原则　老旧小区住宅加装电梯流程　老旧小区住宅加装电梯费用承担　老旧小区住宅加装电梯管理　既有住宅加装电梯费用承担　既有住宅加装电梯流程　既有住宅加装电梯管理　既有住宅加装电梯应满足的条件

◈ 知识点详解

老旧小区住宅　是指国有土地上具有合法权属，建成年代较早、未列入房屋征收范围或者计划，并已投入使用的四层（含）以上非单一产权的无电梯住宅。《杭州市老旧小区住宅加装电梯管理办法》第二条[①]对老旧小区住宅进行了明确解释。

既有住宅　是指国有土地上具有合法权属证明，未列入房屋征收范围或者计划，并已投入使用的四层以上非单一产权的无电梯住宅。

加装电梯应遵循的原则　《杭州市老旧小区住宅加装电梯管理办法》第三条[②]：坚持业主主体、社区主导、政府引导、各方支持的原则;《杭州市老旧小区住宅加装电梯管理办法》第七条[③]：坚持因地制宜、安全适用、经济美观、风貌协调的原则，尽量减少对底层住宅以及相邻建筑的不利影响，尽量减少对小区公共道路和绿地绿化的占用，不得侵占城市主要道路，不得影响城市规划实施，不得增加或者变相增加与加装电梯无关的空间。

老旧小区住宅加装电梯流程　如果老旧小区需要加装电梯的，应当由本单元内同意加装电梯的相关业主作为加装电梯的申请人，申请人应当征求所在单元全体业主意见，经本单元建筑物专有部分面积占比三分之二以上的业主且人数占比三分之

[①]《杭州市老旧小区住宅加装电梯管理办法》第二条　本办法所称老旧小区住宅，是指国有土地上具有合法权属，建成年代较早、未列入房屋征收范围或者计划，并已投入使用的四层（含）以上非单一产权的无电梯住宅。

[②]《杭州市老旧小区住宅加装电梯管理办法》第三条　本市老旧小区住宅加装电梯工作应当遵循业主主体、社区主导、政府引导、各方支持的原则;实行民主协商、基层自治、高效便民、依法监管的工作机制。

[③]《杭州市老旧小区住宅加装电梯管理办法》第七条　老旧小区住宅加装电梯应当坚持因地制宜、安全适用、经济美观、风貌协调的原则，尽量减少对底层住宅以及相邻建筑的不利影响，尽量减少对小区公共道路和绿地绿化的占用，不得侵占城市主要道路，不得影响城市规划实施，不得增加或者变相增加与加装电梯无关的空间。

二以上的业主参与表决，并经参与表决专有部分面积四分之三以上的业主且参与表决人数四分之三以上的业主同意后，签订加装电梯项目协议书。拟占用业主专有部分的，还应当征得该专有部分的业主同意。

加装电梯项目协议书应当明确项目申请人及实施主体的职责、项目建设资金估算及分摊方案、电梯运行使用和维护保养资金分摊方案等内容。

商品房性质的老旧小区住宅加装电梯，需要占用小区范围内业主共有的道路、绿地等公共场所的，应当按照《中华人民共和国民法典》关于业主共同决定事项的规定执行。

申请人应当在查阅资料、现场勘察基础上，编制老旧小区住宅加装电梯初步方案。加装电梯初步方案应当包括拟加装电梯的平面图、外立面效果图等，明确拟加装电梯的具体位置、电梯尺寸、梯井高度、周边环境和绿地绿化占用情况等内容。申请人可书面向所在地社区居民委员会提出，将老旧小区住宅加装电梯项目协议书和初步方案在拟加装电梯住宅的单元楼道口、小区公示栏等显著位置公示十天。公示期满后，若利害关系人没有实名制书面反对的，社区居民委员会、街道办事处或者乡镇人民政府应当分别在申请人递交的加装电梯项目申请表上盖章确认无实名制书面反对意见情况；若有实名制书面反对的，由相关当事人协商解决，也可委托业主委员会、人民调解组织和其他社会组织等进行协调。协调不成的，由社区居民委员会组织调解，调解不成的，所在地街道办事处或者乡镇人民政府应当通过协调会、听证会等方式组织调解，并做好记录，盖章确认调解结果。

申请人还应当委托具有法定资质的设计单位在已公示的初步方案上，编制加装电梯设计方案和施工图设计文件。施工图设计文件还应当经具有法定资质的第三方图审机构审核并出具书面审核意见。

准备齐全《杭州市老旧小区住宅加装电梯管理办法》第十六条规定的下列材料后，向所在地的区、县（市）住房城乡建设主管部门申请联合审查：

（一）经社区居民委员会及街道办事处或者乡镇人民政府盖章确认的加装电梯项目申请表；

（二）社区居民委员会出具的调解情况记录，街道办事处或者乡镇人民政府出具的调解、听证情况记录；

（三）经公示的加装电梯项目协议书、初步方案；

（四）加装电梯设计方案、施工图设计文件（含工程预算）及第三方图审机构审核意见；

（五）社区居民委员会出具的公示情况说明（附单元楼道口、公示栏公示照片）；

（六）相关业主的身份证明、房屋权属证明；有委托代理人的，提交授权委托书、代理人身份证明；

（七）法律、法规规定的其他材料。

老旧小区住宅加装电梯费用承担　老旧小区住宅加装电梯所需的建设、运行使用、维护管理资金由相关业主共同承担。市、区、县（市）人民政府可以安排专项资金用于老旧小区住宅加装电梯项目建设、管线迁移等事项的补助。业主加装电梯的，可按有关规定申请提取住房公积金和住房补贴。鼓励社会力量通过捐赠、资助、技术服务等方式参与老旧小区住宅加装电梯工作。全部或者部分使用国有资金投资或者国家融资的加装电梯项目，符合依法必须招标的工程建设项目范围和规模标准的，应当按照政府采购、招标投标法律法规的规定执行。

老旧小区住宅加装电梯管理　市人民政府统筹领导本市老旧小区住宅加装电梯工作。市房产行政主管部门负责本市老旧小区住宅加装电梯工作的政策制定、指导协调、督查考核等。区、县（市）人民政府负责组织领导、协调推进本辖区内老旧小区住宅加装电梯工作。区、县（市）住房城乡建设主管部门负责组织实施本辖区内老旧小区住宅加装电梯的联合审查、监督管理等工作。规划和自然资源、市场监管、城市绿化、消防救援、城市管理、民政、财政等行政主管部门应当根据各自职责，做好老旧小区住宅加装电梯相关管理和指导工作。街道办事处、乡镇人民政府、社区居民委员会负责本辖区内老旧小区住宅加装电梯的政策宣传、动员指导、民意协调等工作。

老旧小区住宅加装电梯涉及的电力、水务、燃气、通信、网络等相关管线单位负责管线及其他配套设施的现场踏勘、迁移改造等工作。

由老旧小区住宅加装电梯申请人作为电梯使用单位，负责加装电梯的日常使用和运行管理。老旧小区住宅加装电梯申请人委托的物业服务企业、其他管理人依法履行电梯使用单位义务；未委托他人管理的，由申请人协商确定的实际负责人依法履行电梯安全使用管理义务。加装电梯的使用管理、维护保养、改造维修、检验检测、安全监督管理等，应当遵守相关法律法规的规定，保障电梯的正常运行和安全使用。

老旧小区住宅加装的电梯应当安装具备运行参数采集、信息网络传输、自动报警、实时通话等功能的智慧电梯系统，按照规定配备统一接口，并向市场监督管理部门开放。因转让、继承或者受遗赠取得加装电梯住宅所有权的，由住宅受让人依法承继加装电梯项目协议书约定的权利和义务。

老旧小区住宅加装的电梯投入使用后，相关业主可以利用电梯投放商业广告的收入等资金用于电梯的维护保养、改造维修、检验检测。

维修、更新和改造电梯的，可以按规定申请使用物业专项维修资金和公有住房售后维修基金。

既有住宅加装电梯费用承担　既有住宅加装电梯所需建设资金及运行使用、维护管理资金主要由业主承担，具体费用应根据业主所在楼层等因素协商，按一定分摊比例共同出资。业主可以申请使用本人及配偶的住房公积金、住房补贴。对市区范围内四层及以上的非单一产权既有住宅加装电梯，政府给予 20 万元 / 台的补助；涉及管线迁移所需的费用由各管线单位和政府共同承担。

既有住宅加装电梯流程　由本单元、本幢或本小区相关业主作为既有住宅加装电梯申请人。申请人可以推举业主代表作为实施主体负责上述工作，也可以书面委托电梯企业、具有设计施工资质的单位、物业服务企业、原建设单位、原产权单位、第三方代建单位等作为实施主体代理上述工作。受托人应当与委托人签订委托协议，明确双方的权利义务。

第一，制定方案。编制符合建筑设计、结构安全、消防安全和特种设备等相关规范、标准的既有住宅加装电梯方案。

第二，协议公示。经本单元、本幢或本小区房屋专有部分占建筑物总面积三分之二以上的业主且占总人数三分之二以上的业主同意并签订加装电梯协议。拟占用业主专有部分的，还应当征得该专有部分的业主同意。协议要在拟加装电梯单元楼道口、小区公示栏等位置公示 10 天，公示期间因加装电梯可能受到影响的利害关系人无实名制书面反对意见的，由社区居委会盖章备案；有异议的，所在社区居委会应业主请求，应当组织调解，促使相关业主在平等协商基础上自愿达成调解协议。调解不成功的，社区居委会不予盖章备案。

第三，施工图审。既有住宅加装电梯设计方案经业主充分协商、公示认可后，由申请人委托具有相应资质的设计单位按改建工程进行施工图设计。施工图经有资质的图审机构审查后报所在区建设行政主管部门备案。

第四，联合审查。申请人应当向所在区建设行政主管部门提出加装电梯的申请，并提供材料。具体材料《杭州市区既有住宅加装电梯工作的实施意见》第四条第四款[①]有明确规定。再由区建设行政主管部门召集规划、国土资源、质监、消防、园林、城管等部门以及有关管线单位进行联合审查，出具联合审查意见。如果加装电梯涉及电力、电信、水业、燃气、数字电视、网通等管线移位及其他配套设施项目改造的，相关单位应开通绿色通道，根据联合审查意见，予以优先办理。

第五，工程施工。加装电梯施工前，申请人应向所在区建设行政主管部门办理工程质量安全监督登记手续。施工单位应向有资质的特种设备检验检测机构申报电梯监督检验。施工过程接受特种设备安全监督管理部门和建设工程质量安全监督部门的质量安全监督。

第六，竣工验收。加装电梯有关业主对加装电梯工程施工全过程的安全生产负总责，设计、施工、监理单位和电梯企业等按有关法律法规规定负相应责任。工程竣工后，申请人应组织设计、施工、监理单位和电梯企业等对加装电梯工程进行质量竣工验收。竣工验收应邀请所在社区居委会参加。申请人应依法在电梯投入使用前或者投入使用后 30 日内向所在区特种设备安全监督管理部门办理使用登记，取得使用登记证书。工程结束后，申请人应将建设工程竣工资料移交市城建档案馆。

既有住宅加装电梯管理 杭州市区既有住宅加装电梯工作领导小组负责统筹领

---

① 《杭州市区既有住宅加装电梯工作的实施意见》第四条第四款 申请人应当向所在区建设行政主管部门提出加装电梯的申请，并提供以下材料：

1. 相关业主身份证、房屋权属证明复印件；

2. 代理人身份证、授权委托书；

3. 加装电梯方案文本（相关文字说明、图纸等）；

4. 施工图审查备案证明文件；

5. 经所在社区居委会备案的加装电梯协议；

6. 所在区建设行政主管部门要求提供的其他材料。

导市区既有住宅加装电梯工作。领导小组办公室（设在市住保房管局）负责市区既有住宅加装电梯的政策制定、指导协调、督查考核等工作。

各区政府应组织成立既有住宅加装电梯工作领导小组及其日常工作机构，负责辖区范围内既有住宅加装电梯的具体组织实施和区级资金保障工作。街道办事处、社区居委会负责既有住宅加装电梯的政策宣传、业务指导、矛盾协调等工作。

规划、建设、国土资源、消防、园林、质监、城管、民政、财政等行政主管部门应当根据职责分工，按照简便高效的原则，依法支持既有住宅加装电梯有关审查和备案工作。

既有住宅加装电梯应满足的条件　同时应满足具有合法的权属证明、未列入房屋征收范围和计划、已建成投入使用的无电梯住宅三种条件。

◆ **选择题**

1. 加装电梯应当遵循（　　）原则。
   A. 充分协商、利益兼顾、高效便民
   B. 基层自治、依法监管
   C. 业主主体、社区主导、政府引导、各方支持
   D. 因地制宜、安全适用、经济美观、风貌协调

2. 某老旧小区要加装电梯，申请人应当经（　　）参与表决，并经参与表决（　　）同意后签订加装电梯项目协议书。
   A. 本单元建筑物专有部分面积占比三分之二以上的业主且人数占比三分之二以上的业主；专有部分面积四分之三以上的业主且参与表决人数四分之三以上的业主
   B. 本单元建筑物专有部分面积占比二分之一以上的业主且人数占比三分之二以上的业主；专有部分面积三分之二以上的业主且参与表决人数四分之三以上的业主
   C. 本单元建筑物专有部分面积占比三分之二以上的业主且人数占比二分之一以上的业主；专有部分面积四分之三以上的业主且参与表决人数三分之二以上的业主
   D. 本单元建筑物专有部分面积占比四分之三以上的业主且人数占比四分之三以上的业主；专有部分面积三分之二以上的业主且参与表决人数三分之二以上的业主

3. 某既有住宅要加装电梯，应当经过（　　）同意，并签订加装电梯协议。
   A. 本单元、本幢或本小区房屋专有部分占建筑物总面积三分之二以上的业主且占总人数三分之二以上的
   B. 本单元、本幢或本小区房屋专有部分占建筑物总面积二分之一以上的业主且占总人数三分之二以上的
   C. 本单元、本幢或本小区房屋专有部分占建筑物总面积三分之二以上的业主且占总人数二分之一以上的

D. 本单元、本幢或本小区房屋专有部分占建筑物总面积四分之三以上的业主且占总人数四分之三以上的

4. 以下哪些属于既有住宅加装电梯流程？ （　　）

A. 制定方案　　　　B. 协议公示　　　　C. 施工图审

D. 联合审查　　　　E. 工程施工　　　　F. 竣工验收

◆ 案例题

1. 韩某、谢某、杨某、宋某系杭州市萧山区某小区的业主，2019年2月，该小区4幢3单元6户业主提出了加装电梯的申请。经过相关审批程序后，杭州市萧山区既有住宅加装电梯办公室于2019年8月10日发布《关于××街道既有住宅加装电梯联合审查会议纪要》，文件内容包括同意该小区4幢3单元加装电梯设计方案，与会单位要按照相关文件要求积极推进实施。之后，经过施工，在4幢3单元楼梯北侧加装了电梯。因加装电梯的位置也靠近4幢2单元，2单元402室、302室、202室、102室四户业主认为加装电梯对其视野、采光、通风等产生影响，故四人作为原告于2020年8月26日起诉要求拆除该加装电梯。

问：法院是否会支持该请求？

2. 2019年6月24日，萧山区某小区居委会在14幢一楼大门上张贴要求加装电梯的公示报告，因该14幢房系与18幢为同一条通道，如该电梯加装将严重影响18幢24户居民的安全通行，尤其是会造成消防通道和救护通道的堵塞，并影响居住环境以及小区整体品质。于是18幢居民于2019年7月4日集体签名上报小区所在街道二苑社区相关负责人（附微信记录），反映18幢居民不同意14幢按现状安装电梯的请求。7月8日，社区召开部分18幢住户座谈会，18幢住户提出先处理安全通道等问题后，再考虑是否同意电梯加装，但是社区未予采纳18幢住户代表的合理诉求，未达成调解，且该二苑社区已经在7月6号出具"无异议"证明。14幢户主和该二苑社区明知异议存在的情况下，用欺骗手段获取电梯联审通过，违反程序优先原则。

问：（1）加装电梯的行政行为是否违法？

（2）电梯是否应当拆除？

参考答案

三、维护费用承担

◈ **知识点提炼**

专有部分　专用部位和专用设施设备费用承担　共用部位　共用部位和共用设施设备费用承担

◈ **知识点详解**

专有部分　是指具有构造上、利用上的独立性，能够明确区分、可以排他使用并且能够登记成为特定业主所有权的房屋以及车位、摊位等特定空间。

专用部位和专用设施设备费用承担　由单个业主独立使用、处分的物业部位、设施设备及场地等，其维修、更新、改造费用，由业主或者非业主使用人承担。

共用部位　是指根据法律、法规和房屋买卖合同，属于业主共有的部位，一般包括建筑物的基础、承重结构（包括内外承重墙体、柱、梁、楼板等）、外墙、屋顶等基本结构部分，通道、楼梯、大堂等公共通行部分，电梯井、架空层、避难层、设备层或者设备间等结构部分，绿地、道路、公共场所、物业服务用房等。

共用部位和共用设施设备费用承担　包括由全体业主共同使用、管理的物业部位、设施设备及场地等，其维修、更新、改造鼓励通过公开招标投标方式选聘施工方，费用由相关业主按照各自所有专有部分面积比例共同承担；属人为损坏的，由责任人承担。

物业维修、更新时，相关业主、非业主使用人应当予以配合。物业服务人应当将收费标准在显著位置进行明示，并在维修、更新前告知业主、非业主使用人。供水、供电、供热、供气、通信、有线电视等专业单位需要进入物业管理区域作业的，物业服务人和相关业主、非业主使用人应当配合。

◈ **选择题**

1.专有部分，是指具有（　　　）的独立性，能够明确区分、排他使用并能够登记成为特定业主所有权的（　　　）等特定空间。

　　A.构造上、利用上；房屋及车位、摊位　　　　B.结构上；房屋

　　C.使用上；摊位　　　　　　　　　　　　　　D.构造上；车位

2.专用部位和专用设施设备费用由（　　　）承担。

　　A.业主或者非业主使用人　　　　　　　　　　B.物业服务公司

　　C.业主大会、业主委员会　　　　　　　　　　D.居民委员会

3.（　　）属于共用部位。

    A. 建筑物的基础、承重结构

    B. 外墙、屋顶等基本结构

    C. 通道、楼梯、大堂等公共通行部分

    D. 电梯井、架空层、避难层、设备层或者设备间等结构部分

    E. 绿地、道路、公共场所、物业服务用房

4. 共用部位和共用设施设备由（　　）承担费用。

    A. 相关业主按照各自所有专有部分面积比例共同承担

    B. 全体业主承担

    C. 物业服务公司

    D. 业主大会、业主委员会

◆ 案例题

1. 宁波某置业有限公司（甲方）与某公司（乙方）签订了《前期物业服务合同》一份，约定物业共用部位和相关场地的清洁卫生，垃圾的收集、清运，雨、污水管道的疏通，装饰装修管理服务，等等；物业服务收费为包干制，物业服务费用由业主按其拥有物业的建筑面积交纳，包干使用，盈余或亏损均由乙方享有或承担。合同期限自 2010 年 11 月 18 日起至 2014 年 11 月 18 日止，但在合同期限内，业主委员会代表全体业主与物业服务企业签订的物业服务合同生效时，合同自行终止；合同期满，业主大会尚未成立的，合同自动延续；合同终止之日起 30 日之内，乙方应将物业管理用房、物业管理相关资料等属于全体业主所有的财物及时完整地移交给业主委员会，对预收的物业服务费和其他公共物业经费按实结算后，多收的部分应当依照合同约定退回给业主委员会等。上述合同及附件签订后，乙方自 2013 年 11 月起提供物业服务，至 2016 年 6 月结束物业服务，于 2016 年 10 月 9 日退出物业广场。业委会委托宁波某会计师事务所有限公司对物业 2013 年 10 月至 2016 年 10 月期间的物业服务专项资金进行审核。审核后，发现部分资金被乙方所用，故起诉要求乙方归还其收取的经营性收入。

问：共用部分、共用设施的日常维修费是否属于包干制的范畴，是否应当返还？

参考答案

四、物业保修金

◆ **知识点提炼**

物业保修金　物业保修金原则　物业保修金交存　物业保修金使用　物业保修责任承担　住宅物业保修期限　物业保修金退还　物业保修金的监管　不交纳物业保修金的法律责任

◆ **知识点详解**

物业保修金　是指建设单位按照规定比例向所在地物业主管部门交存的，作为保修期内物业维修费用保证的资金。

物业保修金原则　统一交存、权属不变、专款专用、政府监管。

物业保修金交存　物业用于销售的，建设单位应当在物业竣工验收备案之前，按照物业建筑安装总造价百分之二的比例，向市、县（市）房产主管部门指定的物业保修金管理机构交存物业保修金，作为物业保修期内保修费用的保证，并存入按有关规定在指定的商业银行开设的专户内。对此，《浙江省物业管理条例》第五十条第二款[①]也有明确规定。

物业保修金使用　在物业保修期内，经鉴定发现房屋等建筑工程存在质量问题，或物业小区未按经批准的规划设计方案进行配套设施建设，或有关设施不配套，但是建设单位不履行或者因终止、破产等原因无法履行保修责任的，业主或者业主委员会可以提出申请，经设区的市、县物业主管部门核实后，由业主委员会组织维修，费用在物业保修金中列支。

物业保修责任承担　根据《浙江省住宅物业保修金管理办法》第十条：建设单位应当按照国家规定的保修期限和保修范围，承担保修责任。建设单位对物业的保修可以自行组织，也可以委托物业服务企业保修。建设单位委托物业服务企业保修的，应当在物业交付前与物业服务企业签订住宅物业委托保修协议，明确权利与义务，以及保修费用支付方式。保修协议的示范文本由设区的市物业管理主管部门制订。因建设单位不履行保修责任，业主或者业主委员会按照规定使用物业保修金后，有关部门应当督促建设单位在十五日内足额补存。建设单位因注销、清算等原因无法继续履行保修责任的，应当确定继续履行保修责任的单位，并办理变更手续。

住宅物业保修期限　保修期限自物业交付消费者之日起计算。

---

① 《浙江省物业管理条例》第五十条第二款　建设单位在物业竣工验收前，应当一次性向所在地县级物业主管部门交纳物业建筑安装总造价百分之二的保修金，存入指定银行，作为物业维修费用保证。

（一）屋面防水工程保修不低于 8 年；

（二）有防水要求的卫生间、房间和外墙面的防渗漏工程保修不低于 8 年；

（三）供热与供冷系统的保修为 2 个采暖期、供冷期；

（四）电气管线、给排水管道、设备安装和装修工程的保修为 2 年；

（五）房屋建筑的地基工程、主体结构工程、基础设施工程的保修为设计文件规定的该工程的合理使用年限。

物业保修金退还　物业保修金存储期限为 8 年。物业保修金管理机构应当在住宅物业交付之日起满 8 年的前一个月内，将拟退还保修金事项在相关的物业小区内予以公示，期限为三十日。

在公示期内，业主、业主委员会、物业管理委员会、物业服务人未提出异议的，物业保修金管理机构应当将物业保修金本息余额退还给建设单位或者继续履行保修责任的单位；有提出异议的，建设单位或者继续履行保修责任的单位与异议提出人应当在六个月内解决争议。逾期未解决争议，且异议提出人未就争议事项提起诉讼或者申请仲裁的，物业保修金管理机构应当将物业保修金本息余额退还给建设单位或者继续履行保修责任的单位。

物业保修金符合退还条件，但建设单位或者继续履行保修责任的单位已注销的，且自物业保修金存储期届满之日起三年内，无相关权利承继人提出退还申请的，物业保修金管理机构应当予以公示，公示期为三十日。公示期满无异议的，业主委员会可以申请将物业保修金本息余额转为本物业管理区域的物业应急维修专项资金。

物业保修金的监管　设区的市、县物业主管部门应当会同同级财政部门每年定期或者不定期组织对保修金及其管理情况进行检查，加强监管；保修金管理机构应当做好保修金的建账和算，每年定期向相关物业小区业主公布保修金的交存、使用、退还等情况，接受业主的监督。

不交纳物业保修金的法律责任　根据《浙江省住宅物业保修金管理办法》第八条第二款：建设单位不按规定交纳或者补交保修金的，由物业主管部门责令限期交纳；逾期仍不交纳的，自逾期之日起按日加收滞纳部分万分之五的滞纳金，并依法给予处罚。对此，《浙江省物业管理条例》第五十三条 [1] 也有明确规定。

根据《浙江省住宅物业保修金管理办法》第二十二条的规定，有下列行为之一的，对直接负责的主管人员和其他直接责任人员依法给予行政处分；构成犯罪的，依法追究刑事责任：

（一）截留、挪用、侵占保修金；

（二）未按照《浙江省住宅物业保修金管理办法》规定进行管理，造成保修金流失的；

（三）在保修金使用审核、拨付中，故意刁难或者拖延的；

---

① 《浙江省物业管理条例》第五十三条　建设单位不按规定交纳物业保修金的，由县级以上物业主管部门责令限期交纳；逾期仍不交纳的，自逾期之日起按日加收滞纳部分万分之五的滞纳金，并可以处一万元以上三万元以下的罚款。

（四）其他玩忽职守、滥用职权、以权谋私的行为。

◆ **选择题**

1. 物业保修金应坚持（　　）的原则。

A. 统一交存、权属不变、专款专用、政府监管

B. 各自交存、统筹规划、业主管理

C. 统一交存、统筹规划、业主委员会管理

D. 统筹规划、专款专用、政府监管、权属统一

2. 物业用于销售时，建设单位应当在物业竣工验收备案之前，按照（　　）的比例，向市、县（市）房产主管部门制定的物业保修金管理机构交存物业保修金。

A. 物业建筑安装总造价的百分之二

B. 物业建筑安装总造价的百分之三

C. 物业建筑安装总造价的百分之四

D. 物业建筑安装总造价的百分之五

3. 物业保修金的存储期限为 （　　）

A. 4 年　　　　B. 5 年　　　　C. 6 年　　　　D. 8 年

4. 建设单位不按规定交纳或者补交保修金的，由物业主管部门责令限期交纳；逾期仍不交纳的，自逾期之日起按日加收（　　）的滞纳金，并依法给予处罚。

A. 滞纳部分万分之五　　　　B. 滞纳部分万分之七

C. 滞纳部分万分之三　　　　D. 滞纳部分万分之二

5. 有下列哪些行为的，对直接负责的主管人员和其他直接责任人员依法给予行政处分；构成犯罪的，依法追究刑事责任？ （　　）

A. 截留、挪用、侵占保修金

B. 未按照《浙江省住宅物业保修金管理办法》规定进行管理，造成保修金流失的

C. 在保修金使用审核、拨付中，故意刁难或者拖延的

D. 玩忽职守、滥用职权、以权谋私

◆ **案例题**

1. 某天，一业主经鉴定发现其所居住的房屋存在质量问题，但是建设单位不按照约定履行保修责任，故向相关物业主管部门提出申请，但是相关部门核实后，发现该建设单位并未缴纳物业保修金。

问：该建设单位应当承担何种责任？

参考答案

五、物业专项维修资金

知识点提炼

物业专项维修资金　物业专项维修资金交存　物业专项维修资金续交　物业专项维修资金使用　紧急情况下物业专项维修资金使用　禁止使用物业专项维修资金的情形　应当转入专项维修的资金　专项维修资金的监督管理

知识点详解

物业专项维修资金　是指由业主交存的，专项用于建筑物内共有部分、建筑区划内共有设施设备保修期满后的维修、更新和改造的资金。专项维修资金属于业主所有，不得挪作他用。

物业专项维修资金交存　新建物业首期专项维修资金，由业主按照所拥有物业的建筑面积交存。建筑物总面积以具有资质的房屋测绘机构提供的房产测绘成果为准；交存标准为当地房屋建筑安装工程每平方米建筑面积平均造价的5%至8%。具体比例由设区的市、县物业主管部门会同同级财政部门根据当地实际和房屋结构类型确定，报经设区的市、县人民政府批准后公布。

专项维修资金可以由业主自行交存，也可以由建设单位或者物业服务企业代收代交。

新建物业首期专项维修资金由建设单位代收代交。建设单位应当在办理房屋产权初始登记之前，按照物业总建筑面积和交存标准交存专项维修资金，待物业交付时向业主收取。建设单位应当向购房人说明，并将该内容约定为购房合同条款。对房价中已包含专项维修资金的，建设单位不得再向购房人另行收取。未售出的物业专项维修资金由建设单位交存。一个物业管理区域有两个以上专有部分所有权人的，建设单位应当在物业竣工验收备案之前，按照建筑物总面积和交存标准向市、县（市）房产主管部门指定的物业专项维修资金管理机构统一交存。

物业交付时，建设单位应当按照专有部分面积及同一交存标准向业主收取，其余部分的首期物业专项维修资金由建设单位承担；建设单位书面承诺自行承担全部首期物业专项维修资金的，应当按照承诺履行义务。

物业专项维修资金管理机构应当将建设单位交存物业专项维修资金和物业保修金的相关信息共享给区、县（市）房产主管部门，由区、县（市）房产主管部门在办理物业竣工验收备案时核验资金交存情况。

实行业主自主管理的，业主委员会应持业主大会决定及书面报告通知维修资金管理机构，并报所在地设区的市、县物业主管部门备案。维修资金管理机构应当在收到通知之日起 30 日内，将该物业小区物业专项维修资金本息连同有关账册一并移交业主委员会。

物业专项维修资金续交 业主分户账内物业专项维修资金本息余额不足首期交存额的百分之三十时，物业专项维修资金管理机构应当通知相应物业管理区域的业主委员会组织续交。续交方式、金额等具体事项由管理规约规定或者业主大会决定。

业主未按照管理规约规定或者业主大会决定续交资金的，由业主委员会催告。经催告后仍不交纳的，业主委员会可以向人民法院提起诉讼。

物业管理区域共有收入应当按季度用于补充物业专项维修资金，补充比例不低于共有收入结余部分的百分之五十，补充后达到首期交存金额的，可以停止补充。

街道办事处、乡镇人民政府或者受其委托的居民委员会应当指导、协调物业专项维修资金续交工作。

物业专项维修资金使用 物业管理区域内的共用部位、共用设施设备保修期满后（保修期自物业交付之日起计算）的维修、更新和改造，除国家有关规定和物业服务合同已明确在物业服务费中列支外，在专项维修资金中列支。

专项维修资金的支出由相关业主按照其物业建筑面积的比例分摊。由维修资金管理机构负责专项维修资金管理的，物业服务企业应当根据物业使用状况，提出一定时期内共有部分、共有设施设备维修、更新和改造计划及专项维修资金使用方案，经物业管理区域内专有部分占建筑物总面积 2/3 以上的业主且占总人数 2/3 以上的业主同意后，由业主委员会组织实施，并报维修资金管理机构备案。未实施物业管理的住宅小区，由所在社区居民委员会参照前款规定制定使用方案，并组织实施。《浙江省物业专项维修资金管理办法》第十五条[①] 对维修资金管理机构使用专项维修资金的程序也进行了明文规定。

实行业主自主管理的，其物业维修资金的使用方案和使用程序，由业主委员会参照本办法第十四条、第十五条规定提出，经物业管理区域内专有部分占建筑物总面积 2/3 以上的业主且占总人数 2/3 以上的业主同意后，由业主委员会组织实施。

---

① 《浙江省物业专项维修资金管理办法》第十五条 由维修资金管理机构负责专项维修资金管理的，其使用按照以下程序办理：

（一）物业服务企业根据专项维修资金使用方案，提出实施项目和资金使用预算；未实施物业管理的住宅小区，由相关业主根据专项维修资金使用方案提出实施项目使用预算；

（二）专项维修资金使用方案和使用预算，报业主委员会或者社区居民委员会审核。社区居民委员会审核时应当征求相关业主的意见；

（三）物业服务企业持经审核的资金使用方案和资金使用预算及其他规定材料，向维修资金管理机构申请划拨专项维修资金。未实施物业管理的住宅小区，由社区居民委员会持资金使用方案和使用预算，申请划拨专项维修资金；

（四）维修资金管理机构根据申请进行核准，并按照核准使用额度的 70% 划转至申请单位；

（五）工程竣工后，凭业主委员会或社区居民委员会，或者其委托专门机构审核的工程决算及工程质量验收合格证明，经维修资金管理机构核实后拨付应付费用的剩余款项。

物业共有部分、共有设施设备维修、更新和改造费用按照下列规定列支：

（一）涉及整个物业区域的共有部分、共有设施设备的维修、更新和改造费用，在该区域全体业主物业专项维修资金账户中列支；

（二）涉及单幢或部分物业共有部分、共有设施设备的维修、更新和改造费用，在其相关业主的物业专项维修资金账户中列支。

物业专项维修资金不足支付维修费用的，不足部分按照物业建筑面积按比例由相关业主分摊。

紧急情况下物业专项维修资金使用　应当按首期交存的专项维修资金总额的3%～5%设立应急备用金，用于涉及房屋安全、停水、停电、电梯停运等紧急情况下的维修和更新。

物业共用部位和共用设施设备发生下列危及公共安全或者严重影响业主居住使用的紧急情况的，物业服务人应当及时报告业主委员会，采取应急防范措施，并自行或委托专业机构编制维修方案：

（一）电梯严重故障；

（二）消防设施、设备严重损坏；

（三）建筑外立面存在脱落危险；

（四）围墙、道路坍塌；

（五）屋面、外墙渗漏；

（六）排水设施严重堵塞或者损坏；

（七）安全监控设施严重损坏。

以上情形需要使用物业专项维修资金的，维修方案经业主委员会审核并经所在地街道办事处、乡镇人民政府或者受其委托的居民委员会确认后，可以按照简易程序申请使用物业专项维修资金。工程完工后，由所在地街道办事处、乡镇人民政府出具整改合格情况证明。存在禁止使用物业专项维修资金的除外。

街道办事处、乡镇人民政府应当及时将确认后的相关维修方案和整改情况报区、县（市）市场监管、房产等主管部门备案，由相关主管部门对维修情况进行监督检查。

禁止使用物业专项维修资金的情形

（一）依法应当由建设单位或者施工单位承担的物业共有部分、共有设施设备维修、更新和改造费用；

（二）依法应当由相关专业单位承担的供水、供电、供气、供热、通信、有线电视等管线和设施设备的维修、养护费用；

（三）因人为损坏及其他原因应当由当事人承担的修复费用；

（四）根据物业服务合同应当由物业服务企业承担的维修养护费用；

（五）法律、法规、规章及国家和省有关规定中明确由有关单位和个人承担的费用。

应当转入专项维修的资金

（一）专项维修资金规定的存储净利息；

（二）利用专项维修资金购买国债的增值净收益；

（三）物业共有部分、共有设施设备的经营所得，但业主大会另有决定的除外；

（四）共有设施设备报废后回收的残值；

（五）业主委员会或业主自愿筹集交存的款项；

（六）其他按规定转入的资金。

专项维修资金的监督管理　违反相关规定挪用专项维修资金的，由县级以上物业主管部门会同财政部门追回挪用的专项维修资金，并依照国务院《物业管理条例》的规定，对相关单位和个人给予行政处罚。

财政部门、物业主管部门、维修资金管理机构及其工作人员有下列情形之一的，由相关行政机关按照管理权限对负有责任的主管人员和直接责任人员给予行政或者纪律处分；构成犯罪的，依法追究刑事责任：

（一）未依照规定及时核准、拨付专项维修资金，造成损害后果的；

（二）未按照规定进行管理，造成专项维修资金流失的；

（三）截留、挪用、侵占专项维修资金的；

（四）有其他玩忽职守、滥用职权、徇私舞弊行为的。

◈　**选择题**

1. 物业专项维修资金是指业主交存的用于建筑物内的（　　）的维修、更新和改造的资金。

A. 共有部分、建筑区划内的共有设施设备保修期满后

B. 共有部分、共有设施设备保修期满后

C. 专用部分保修期满后

D. 专用设施设备保修期满后

2. 新建物业首期专项维修资金，由业主按照所拥有的物业的建筑面积交存，交存标准为　　　　　　　　　　　　　　　　　　　　　　　　　　（　　）

A. 当地房屋建筑安装工程每平方米建筑面积平均造价的 5% 至 8%

B. 当地房屋建筑安装工程每平方米建筑面积平均造价的 2% 至 5%

C. 当地房屋建筑安装工程每平方米建筑面积平均造价的 2% 至 8%

D. 当地房屋建筑安装工程每平方米建筑面积平均造价的 4% 至 8%

3. 业主分户账内物业专项维修资金本息余额不足首期交存额的（　　）时，物业专项维修资金管理机构应当通知相应物业管理区域的业主委员会组织续交。

A. 百分之十　　　　　　　　　　B. 百分之二十

C. 百分之三十　　　　　　　　　D. 百分之五

4. 物业维修资金的使用方案和使用程序，经物业管理区域内（　　）的业主同意后，由业主委员会组织实施。

A. 专有部分占建筑物总面积三分之二以上的业主且占总人数三分之二以上

B. 专有部分占建筑物总面积三分之二以上的业主且占总人数四分之三以上

C. 专有部分占建筑物总面积四分之三以上的业主且占总人数三分之二以上

D. 专有部分占建筑物总面积四分之三以上的业主且占总人数四分之三以上

5. 应急备用金为专项维修资金总额的 　　　　　　　　　　　　（　　）

    A. 百分之三至百分之五 　　　　　　　　B. 百分之二至百分之五

    C. 百分之一至百分之五 　　　　　　　　D. 百分之一至百分之三

◆ 案例题

1. 2018 年 9 月 23 日，滨江区某小区第二届业主委员会作出《关于征地补偿款分配方案的征询公告》（以下简称征询公告）。征询公告载明，经业主委员会和广大业主共同努力，该小区地铁补偿款已于 2018 年 4 月 23 日到账，合计 11257535 元，其中征用 1980 平方米土地及地面附属物的补偿款为 10884510 元，借用土地 1311 平方米（一年半）及附属物的补偿 373025 元。对于款项分配方案，公告载明："……征地补偿款 10884510 元的处置。鉴于目前小区的现状，拟按照约 70% 的比例进行分配，剩余款项作为小区的专项维修基金。对征用地补偿款 10884510 中的 70%，对住宅按 95 元／平方米，商业用房拟分配 528580 元，余款作为小区专项维修基金款项。"公告征询期为 2018 年 9 月 23 日至 9 月 30 日，并委托第三方公司自 2018 年 10 月 15 日 9 时至 2018 年 10 月 21 日期间组织投票。业委会将于 2018 年 10 月 22 日 19∶30 在社区会议室统计业主代表大会统计结果，并在二日内公布。

上述征询公告发布后，业委会即委托第三方组织投票。依据《业主大会会议表决意见统计表》记载，物业区域业主投票权总人数 674，建筑物面积 82427.13 平方米。应发表决票 674，实发表决票 587，回收 493，未回收 94。对于道路扩宽征地补偿分配方案表决事项，赞成 325，反对 162，弃权 6，视为同意多数表决票 94，经计算，同意人数占人数比例为 62.17%，专有部分面积占建筑物总面积比例为 55.88%。

某公司对上述分配方案提出异议，2018 年 10 月 28 日，业委会对征询公告拟定的分配方案提出反对意见进行复函，并出具《关于某公司复函（银业委〔2018〕第 0014 号）》，对分配比例的依据及暂扣补偿款发放的理由进行了说明。

后某公司提起诉讼，请求撤销小区 2018 年第三次业主大会会议"本次业主大会会议同意以下补偿款分配方案"的侵权违法决定。

问：该小区的业主大会会议是否违法？是否应当撤销？

参考答案

第六章 物业管理的常见纠纷类型

一、物业的维护与使用管理纠纷

◈ **知识点提炼**

物业的维护与使用管理纠纷

◈ **知识点详解**

物业的维护与使用管理纠纷 主要指物业服务企业在物业管理区域内因物业管理行为与业主委员会、非业主使用人等主体发生的纠纷，其主要表现形式为：（1）因房屋修缮养护而引发的纠纷；（2）因设备设施运行管理不善而引发的纠纷；（3）因设备设施维修养护不善而引发的纠纷。

我国关于小区内房屋及相关设施的使用、管理与维护方面有较为完善的规定。如《中华人民共和国民法典》第九百四十五条规定，业主装饰装修房屋的，应当事先告知物业服务人，遵守物业服务人提示的合理注意事项，并配合其进行必要的现场检查。《中华人民共和国民法典》第二百七十二条规定，业主对其建筑物专有部分享有占有、使用、收益和处分的权利。业主行使权利不得危及建筑物的安全，不得损害其他业主的合法权益。

《物业管理条例》第四十五条规定，对物业管理区域内违反有关治安、环保、物业装饰装修和使用等方面法律、法规规定的行为，物业服务企业应当制止，并及时向有关行政管理部门报告。

有关行政管理部门在接到物业服务企业的报告后，应当依法对违法行为予以制止或者依法处理。

《物业管理条例》第五十二条规定，业主需要装饰装修房屋的，应当事先告知物业服务企业。物业服务企业应当将房屋装饰装修中的禁止行为和注意事项告知业主。

在地方性法规层面有以下规定。

《浙江省物业管理条例》第四十四条规定，业主或者非业主使用人装饰装修房屋的，应当事先告知物业服务企业。物业服务企业应当将装饰装修的禁止行为和注意事项告知业主或者非业主使用人。业主或者非业主使用人装饰装修房屋，应当遵守国家和本条例的规定以及临时管理规约、管理规约。

《浙江省物业管理条例》第四十五条规定，物业服务企业应当加强物业管理区域内装饰装修安全事项的巡查，业主应当予以配合。物业服务企业发现业主、非业主使用人在物业使用、装饰装修过程中有违反国家和本条例规定以及临时管理规约、管理规约行为的，应当依据有关规定以及临时管理规约、管理规约予以劝阻、制止；劝阻、制止无效的，应当及时报告物业主管部门或者有关行政管理部门。

其他单位或者个人发现业主、非业主使用人在物业使用、装饰装修过程中有违反法律、法规和本条例规定行为的，可以向物业主管部门或者有关行政管理部门投诉或者举报。

物业主管部门或者有关行政管理部门接到报告、投诉、举报后，应当依法及时处理。

《浙江省物业专项维修资金管理办法》第十一条规定，因业主使用不当或者擅自改动房屋结构、设备位置和不当装修等造成物业质量问题，由业主依法承担相应的维修责任。

《杭州市物业管理条例》第十五条规定，业主在物业管理活动中应依法履行下列义务：

遵守物业管理区域内共有部分的使用、公共秩序、环境卫生、装饰装修、消防安全、房屋安全、垃圾分类、噪声管理、供排水管理、动物饲养、卫生防疫、绿化等方面的法律、法规、规章。

《杭州市物业管理条例》第六十一条① 规定了业主、非业主使用人、物业服务人不

---

① 《杭州市物业管理条例》第六十一条 业主、非业主使用人、物业服务人不得实施下列行为：

（一）违法拆除、变动建筑主体或者承重结构；

（二）将无防水要求的房间或者阳台改为卫生间、厨房，或者将卫生间改在下层住户的卧室、起居室（厅）、书房和厨房的上方；

（三）违法搭建、改建建筑物、构筑物，违法挖掘房屋地下空间，或者违法改变建筑物外立面；

（四）擅自改变房屋用途或者将配套设施挪作他用；

（五）擅自占用公共用地；

（六）违法饲养动物或者不履行饲养人义务，严重影响其他业主生活；

（七）违反生活垃圾分类管理规定投放垃圾；

（八）从建筑物中抛掷物品；

（九）损坏、挪用或者擅自拆除、停用消防设施、器材，埋压、圈占、遮挡消火栓，占用防火间距，占用、堵塞、封闭疏散通道、安全出口、消防车通道、消防车登高场地；

（十）违反消防安全管理规定为电动汽车、电动摩托车、电动自行车充电；

（十一）法律、法规、规章和临时管理规约、管理规约禁止的其他行为。

发现前款行为的，业主有权投诉、举报；物业服务人应当进行劝阻、制止，必要时应当向相关主管部门报告，相关主管部门应当依法及时处理。

对违法占用、堵塞、封闭疏散通道、安全出口、消防车通道、消防车登高场地的，物业服务人还可以按照物业服务合同、临时管理规约、管理规约的约定予以清理。

得实施的行为。第六十二条规定，业主、非业主使用人进行物业装饰装修的，应当遵守相关法律、法规和临时管理规约、管理规约，并事先告知物业服务人。物业服务人对物业装饰装修活动进行巡查时，业主、非业主使用人和装饰装修企业及其人员应当予以配合。

◈ 选择题

1.以下做法正确的是 （　　）

A.小区业主刘某将自家垃圾随意丢弃在小区公共区域

B.小区业主李某在半夜十二点时于自家房屋中大肆唱歌跳舞，严重影响邻居休息

C.小区业主孙某在凌晨两点对自家房屋进行装修，并擅自改动房屋结构

D.某物业服务企业在对小区内装饰装修活动进行巡查时，业主、非业主使用人均积极予以配合

◈ 案例题

1.李某和张某为同一小区业主，李某住在顶层4—6层，张某住在1—3层。该住宅楼是坡式屋顶，屋顶瓦砾不具有承重作用，张某私自在楼顶安装热水器，对屋顶瓦砾造成一定的破坏，还存在引发瓦砾脱落致人损害的潜在危险，而且张某安装的热水器在楼顶的制高点，裸露的热水器在雷电天气中极容易使楼上住户遭受雷击。李某多次要求张某对热水器予以拆除，同时向小区物业公司投诉，小区物业也向张某下发了整改通知书，但张某拒不拆除热水器。无奈之下，李某诉至法院，要求张某排除妨害，将屋顶恢复原状。

问：李某的主张是否能得到法院的支持？为什么？

参考答案

二、物业侵权纠纷

◆ **知识点提炼**

物业侵权

◆ **知识点详解**

物业侵权 按主体划分可分为业主实施侵权行为与物业公司实施侵权行为，按客体划分可分为人身权侵权与财产权侵权。物业侵权纠纷在日常生活中较为多见，突出表现为小区内某些素质较低的业主肆意破坏小区内环境卫生、违规饲养动物致人损害、破坏小区内部公共秩序、高空抛物造成他人损害，以及物业服务企业因修缮小区公共部分而导致业主人身、财产权利受损等。

关于物业侵权纠纷，我国相关法律法规对侵权行为的类型、法律后果、相关主体的权利义务均有明确规定。

《中华人民共和国民法典》第一千二百五十三条规定，建筑物、构筑物或者其他设施及其搁置物、悬挂物发生脱落、坠落造成他人损害，所有人、管理人或者使用人不能证明自己没有过错的，应当承担侵权责任。所有人、管理人或者使用人赔偿后，有其他责任人的，有权向其他责任人追偿。

《中华人民共和国民法典》第一千二百五十四条规定，禁止从建筑物中抛掷物品。从建筑物中抛掷物品或者从建筑物上坠落的物品造成他人损害的，由侵权人依法承担侵权责任；经调查难以确定具体侵权人的，除能够证明自己不是侵权人的外，由可能加害的建筑物使用人给予补偿。可能加害的建筑物使用人补偿后，有权向侵权人追偿。物业服务企业等建筑物管理人应当采取必要的安全保障措施防止前款规定情形的发生；未采取必要的安全保障措施的，应当依法承担未履行安全保障义务的侵权责任。

《中华人民共和国民法典》第一千二百五十五条规定，堆放物倒塌、滚落或者滑落造成他人损害，堆放人不能证明自己没有过错的，应当承担侵权责任。

《中华人民共和国民法典》第一千二百五十六条规定，在公共道路上堆放、倾倒、遗撒妨碍通行的物品造成他人损害的，由行为人承担侵权责任。公共道路管理人不能证明已经尽到清理、防护、警示等义务的，应当承担相应的责任。

《中华人民共和国民法典》第一千二百五十八条规定，在公共场所或者道路上挖掘、修缮安装地下设施等造成他人损害，施工人不能证明已经设置明显标志和采取安全措施的，应当承担侵权责任。窨井等地下设施造成他人损害，管理人不能证明尽到管理职责的，应当承担侵权责任。

《物业管理条例》第三十五条规定，物业服务企业应当按照物业服务合同的约定，提供相应的服务。物业服务企业未能履行物业服务合同的约定，导致业主人身、财产安全受到损害的，应当依法承担相应的法律责任。

《最高人民法院关于审理物业服务纠纷案件适用法律若干问题的解释》第一条规定，业主违反物业服务合同或者法律、法规、管理规约，实施妨碍物业服务与管理的行为，物业服务人请求业主承担停止侵害、排除妨碍、恢复原状等相应民事责任的，人民法院应予支持。

《关于加强和改进住宅物业管理工作的通知》第三条规定，物业服务企业要健全服务质量保障体系，建立服务投诉快速处理机制，加强人员车辆管理，定期巡检和养护共用部位、共用设施设备，采取合理措施保护业主的人身、财产安全。

《物业管理条例》第四十六条规定，物业服务企业应当协助做好物业管理区域内的安全防范工作。发生安全事故时，物业服务企业在采取应急措施的同时，应当及时向有关行政管理部门报告，协助做好救助工作。物业服务企业雇请保安人员的，应当遵守国家有关规定。保安人员在维护物业管理区域内的公共秩序时，应当履行职责，不得侵害公民的合法权益。

《物业管理条例》第五十五条规定，物业存在安全隐患，危及公共利益及他人合法权益时，责任人应当及时维修养护，有关业主应当给予配合。

责任人不履行维修养护义务的，经业主大会同意，可以由物业服务企业维修养护，费用由责任人承担。

在地方性法规层面有以下规定。

《杭州市物业管理条例》第十五条规定，业主在物业管理活动中，应遵守物业管理区域内共有部分的使用、公共秩序、环境卫生、装饰装修、消防安全、房屋安全、垃圾分类、噪声管理、供排水管理、动物饲养、卫生防疫、绿化等方面的法律、法规、规章。

《杭州市物业管理条例》第五十条规定，物业服务人应当按照物业服务合同的约定向物业管理区域派驻负责人员和必要的工作人员，应采取合理措施保护业主、非业主使用人的人身、财产安全。

物业服务人不得强制业主、非业主使用人通过提供人脸、指纹等生物信息方式进入物业管理区域或者使用共有部分，不得泄露在物业服务中获取的业主、非业主使用人个人信息，不得强制业主、非业主使用人购买其提供或者指定的商品或者服务，不得侵害业主、非业主使用人的人身、财产权利。

《浙江省高级人民法院民一庭关于审理物业服务合同纠纷案件适用法律若干问题的意见》第十九条规定，物业服务人违反物业服务合同约定或者法律、法规规定以及相关行业规范确定的义务，造成业主人身、财产损失，业主依法请求其承担相应赔偿责任的，应予支持。

《浙江省物业管理条例》第五十五条规定，物业服务企业未履行物业服务合同约定义务，导致业主人身、财产受到损害的，依法承担民事责任。

《浙江省物业专项维修资金管理办法》第十条规定，专业单位实施共有设施设备维修、养护、更新改造，应当提前 7 日公示，告知物业区域全体业主与物业服务企业。专业单位在实施维修、养护、更新改造过程中确需临时占用、挖掘道路、场地、绿地及其他共有部分、其他设施设备的，应当事前公示告知全体业主并征得业主委员会、物业服务企业和直接利害关系人的同意，依法办理相关手续；广大业主、物业服务企业应当给予配合与支持。专业单位临时占用、挖掘道路、场地、绿地及其他共有部位、其他设施设备，应当采取措施保障通行安全，并及时恢复原状。

◈ **选择题**

1. 以下做法正确的是 （   ）

    A.业主石某在某高档小区内饲养三只烈性犬，给邻居造成极大恐慌

    B.业主郑某将自家垃圾随意丢弃至小区草坪上

    C.某物业管理公司在对小区喷泉进行修缮时及时履行告知义务，并设立警戒线，采取了相应的防护措施

    D.业主鲍某召集几十个大妈每天晚上六点在小区内用高分贝音响跳广场舞，小区全体业主难以忍受

◈ **案例题**

1. 原告赵某是 A 区 B 花园小区业主，其贵 F×××××号车停放于 B 花园小区地面停车场，于 1 月 14 日接到小区保安的电话，说原告赵某车辆上有一块石头。原告赵某检查车辆后，发现车辆的车罩被打坏，车前挡风玻璃损坏。经与被告 C 公司人员共同调取物业监控视频，可以判断是高空坠物导致车辆受损。被告 C 公司是小区的物业服务机构，在小区设立了门挡，划分了车辆停车区，并且签订了物业服务合同，被告 C 公司应该看护及维护业主车辆财产安全，并应对小区建筑物及设施采取维护措施。而被告 C 公司并没有履行保障义务，致使原告赵某车辆受损。根据《中华人民共和国民法典》第一千二百五十四条第二款的规定，物业服务企业等建筑物管理人应当采取必要的安全保障措施防止前款规定情形的发生；未采取必要的安全保障措施的，应当依法承担未履行安全保障义务的侵权责任。原告赵某经过咨询 4S店，车辆维修更换挡风玻璃费用约 2200 元，更换车罩约 160 元，共计 2360 元，现原告要求被告赔偿上述费用。

被告 C 公司辩称：原告赵某于 2021 年 1 月 14 日在 B 小区告知物管其车辆没有损坏。原告赵某于 2021 年 1 月 15 日将车开离小区办完事回来后称玻璃坏了，究竟是怎么坏的没有依据。物业公司没有义务为其车辆服务，更没有赔偿责任。

问：C 公司是否应对业主赵某的损失承担赔偿责任？

参考答案

三、物业费纠纷

◆ **知识点提炼**

物业费收取纠纷

◆ **知识点详解**

物业费收取纠纷　是指物业服务企业与业主或业主委员会、非业主使用人就物业服务费项目、服务费标准及服务费收取方法未达成一致而引发的纠纷。在日常生活中，许多业主经常以收费依据不足、物业管理质量低、物业服务企业相关人员不作为等原因长期拖欠物业费，并以此种手段来维护自己的权益，此类案件在物业管理纠纷案件中占据了大多数。

而在日常生活中，许多物业服务企业的确也并未尽到合同约定的义务，在物业费收取过程中经常表现为巧立名目乱收服务费，多收费少服务，收费标准与服务内容、服务标准、服务质量不对称，收费方式与方法不当等形式。在调解物业费收取纠纷过程中，不能天然地认为业主一方一定是弱势一方，应当充分结合案件事实，对各方权利义务关系进行明确梳理，才有利于从源头上化解矛盾，不偏袒任何一方。

关于物业费的收取，《民法典》第九百四十四条规定，业主应当按照约定向物业服务人支付物业费。物业服务人已经按照约定和有关规定提供服务的，业主不得以未接受或者无需接受相关物业服务为由拒绝支付物业费。

业主违反约定逾期不支付物业费的，物业服务人可以催告其在合理期限内支付；合理期限届满仍不支付的，物业服务人可以提起诉讼或者申请仲裁。

物业服务人不得采取停止供电、供水、供热、供燃气等方式催交物业费。

此外，《最高人民法院关于审理物业服务纠纷案件适用法律若干问题的解释》第二条规定，物业服务人违反物业服务合同约定或者法律、法规、部门规章规定，擅自扩大收费范围、提高收费标准或者重复收费，业主以违规收费为由提出抗辩的，人民法院应予支持。业主请求物业服务人退还其已经收取的违规费用的，人民法院应予支持。

《最高人民法院关于审理物业服务纠纷案件适用法律若干问题的解释》第三条规定，物业服务合同的权利义务终止后，业主请求物业服务人退还已经预收，但尚未提供物业服务期间的物业费的，人民法院应予支持。

《关于加强和改进住宅物业管理工作的通知》规定，对多次催交仍拖欠物业费的业主，业主大会可根据管理规约规定的相应措施进行催交。探索将恶意拖欠物业费的行为纳入个人信用记录。

在地方性法规层面有如下规定。

《杭州市物业管理条例》第十五条规定，业主在物业管理活动中，应按照约定交纳物业费。

《杭州市物业管理条例》第五十五条规定，物业交付给业主前，物业费由建设单位承担；物业交付给业主后，物业费由业主按照物业服务合同的约定承担，当事人另有约定的，从其约定。

业主应当按照约定按时足额交纳物业费。物业服务人已经按照约定和有关规定提供服务的，业主不得以未接受或者无需接受相关物业服务为由拒绝支付物业费。业主违反约定逾期不支付物业费的，物业服务人可以催告其在合理期限内支付，业主委员会有权依照法律、法规规定以及按照管理规约的约定协助物业服务人催交；合理期限届满仍不支付的，物业服务人可以提起诉讼或者申请仲裁。物业服务人不得采取停止供电、供水、供气、供热等方式催交物业费。

物业服务合同约定预收物业费的，预收期限最长不得超过十二个月，且不得超过合同期限。

《杭州市物业管理条例》第八十六条规定，物业服务人以业主拖欠物业费为由，实施停止供水、供电、供气、供热等行为的，由区、县（市）房产主管部门责令限期改正，可以给予警告或者按照规定予处一万元以上五万元以下罚款。

◆ 选择题

1. 下列有关于物业费收取纠纷的处理，符合法律规定的是 （　　）

A. 某物业服务企业在未足额缴纳物业费的业主门前张贴大字报，对其人格进行侮辱

B. 某物业服务企业对长期不缴纳物业费的业主采取停水、断电的方式逼迫其缴纳物业费

C. 某物业服务企业指使内部员工对长期不缴纳物业费的业主拳打脚踢，声称打到其缴纳物业费为止

D. 某物业服务企业针对不缴纳物业费的业主先通过电话催告缴纳，后通过向人民法院提起诉讼，双方通过诉前调解解决了纠纷

2. 下列做法正确的是 （　　）

A. 某小区业主在物业服务企业已经按合同约定充分履行职责的情况下拒不缴纳物业费

B. 小区业主黄某在外出差两个月，其以这两个月并未接受物业服务为由拒不缴纳物业费

C. 小区业主金某对上门催讨物业费的工作人员拳打脚踢

D. 小区业主王某针对本小区多收费少服务的情况及时向物业服务企业反应，经多方调解，物业服务企业向广大业主道歉，并降低服务费的收取标准

◆ **案例题**

1. 原告为某高档小区物业公司，被告为该小区的 13 名业主。被告因认为小区物业存在绿化率不达标、公共建筑年久失修、地下车库渗水、道路排水故障、设施维修不力等问题，拒绝交纳 2019 年度物业费，故物业公司将 13 名业主诉至法院，请求判令各业主交纳物业费并支付违约金。

问：如果本案需经诉前调解，作为调解员，你认为应如何调解本案？

参考答案

四、共有收益纠纷

◆ **知识点提炼**

共有收益纠纷

◆ **知识点详解**

共有收益纠纷 此类纠纷主要产生于小区业主或物业服务企业将小区的公用部分私用，突出表现为将公共部分出租用于张贴广告或其他形式的商业宣传所产生的收益归自己所有。由于此问题涉及建筑物区分所有权的问题，在实践中双方的争议及分歧较大。

有关收入分配问题，《中华人民共和国民法典》第二百八十二条规定，建设单位、物业服务企业或者其他管理人等利用业主的共有部分产生的收入，在扣除合理成本之后，属于业主共有。

《关于加强和改进住宅物业管理工作的通知》第二条规定，业主委员会每年向业主公布业主共有部分经营与收益、维修资金使用、经费开支等信息，保障业主的知情权和监督权。第五条规定，业主共有部分经营收益应当主要用于补充维修资金。

在地方性法规层面，《杭州市物业管理条例》第六十条规定，物业服务人按照物业服务合同的约定，对物业服务用房中的经营用房等共有部分进行经营产生的收入，在扣除合理成本之后属于业主共有。共有收入委托物业服务人管理的，物业服务人应当开设专门账户，不得与物业服务人其他收支合用账户，并定期公开共有收入的详细收支情况。共有收入由业主委员会管理的，应当以业主委员会名义开设专门账户，不得以任何个人或者其他组织名义开设账户。业主委员会应当定期委托专业机构对共有收入的收支情况进行审计，并将审计结果向全体业主公布。

共有收入应当主要用于补充物业专项维修资金，但补充后达到首期交存金额的可以停止补充，也可以根据业主大会的决定用于共有部分保修期满后的维修、更新、改造或者物业管理的其他需要。

◆ **选择题**

1. 下列做法正确的是 （   ）

    A. 某物业服务企业工作人员私自将小区电梯出租用于张贴广告，并将出租收益占为己有

    B. 某物业服务企业在小区电梯中张贴某商场促销广告，所得收益归全体业主所有

C.某物业服务企业每年向业主公布共有部分经营与收益情况，保障业主知情权

D.某物业服务企业将共有部分经营收入用于补充物业专项维修资金

◆ 案例题

1. 2002 年 11 月 25 日，某物业公司与某开发商签订某小区前期物业管理合同，合同约定管理期限为 2002 年 11 月 25 日起至业主委员会成立时止。2007 年 12 月 22 日，某小区业主委员会成立，并于 2008 年 6 月 21 日致函物业公司明确与其终止物业管理服务合同，同时要求物业公司移交相关资料和财产。经协商，双方达成了移交协议性质的"移交清单"一份，明确了 2008 年上半年度的共有收益。业主委员会认为，该移交清单对物业公司在 2004 年至 2007 年间对小区共有部分收益的分配没有涉及，故诉至法院要求物业公司将共有收益返还。

问：业主是否有权分得 2004 年至 2007 年间的共有收益？

参考答案

五、车辆管理纠纷

◈ **知识点提炼**

车位、车库的归属 业主的车位、车库查阅权 车辆停放管理

◈ **知识点详解**

车位、车库的归属 《民法典》第二百七十五条规定，建筑区划内，规划用于停放汽车的车位、车库的归属，由当事人通过出售、附赠或者出租等方式约定。占用业主共有的道路或者其他场地用于停放汽车的车位，属于业主共有。

为了防止开发商垄断车位、车库，《中华人民共和国民法典》第二百七十六条规定，建筑区划内，规划用于停放汽车的车位、车库应当首先满足业主的需要。

依据《最高人民法院关于审理建筑物区分所有权纠纷案件具体应用法律若干问题的解释》第五条的规定，建设单位按照配置比例将车位、车库，以出售、附赠或者出租等方式处分给业主的，应当认定其行为符合《中华人民共和国民法典》第二百七十六条有关"应当首先满足业主的需要"的规定。

地方性法规层面，《杭州市物业管理条例》第六十三条规定，物业管理区域内规划用于停放机动车的车位、车库应当首先满足业主的需要。对车辆停放收费的，应当确定收费标准。

业主的车位、车库查阅权 《最高人民法院关于审理建筑物区分所有权纠纷案件具体应用法律若干问题的解释》第十三条规定，建筑区划内规划用于停放汽车的车位、车库的处分情况，业主有权要求公布、查阅。

车辆停放管理 《关于加强和改进住宅物业管理工作的通知》第三条规定，全面落实物业服务企业服务质量主体责任。物业服务企业要健全服务质量保障体系，建立服务投诉快速处理机制，加强人员车辆管理。

地方性法规层面，《浙江省物业管理条例》第四十一条规定，经业主大会同意，在物业管理区域内设置临时停车位的，不得影响其他车辆和行人的正常通行，不得损坏绿地等共用部位、共用设施设备，不得阻碍消防通道。

◈ **选择题**

1. 以下说法正确的是 （   ）

　　A. 物业管理区域内规划用于停放机动车的车位、车库应当首先满足业主的需要

　　B. 在物业管理区域内设置临时停车位的，不得影响其他车辆和行人的正常

通行

C. 占用业主共有的道路或者其他场地用于停放汽车的车位，属于业主共有

D. 建筑区划内规划用于停放汽车的车位、车库的处分情况，业主有权要求公布、查阅

◆ **案例题**

1. 2007 年 11 月 30 日，原告 A 公司与被告 B 公司签订了一份《商品房买卖合同》，约定被告将福州市某小区地下室 14、16、17 号车位出卖给原告，总价款为 39 万元。合同签订后，原告向被告支付了 39 万元价款，被告向原告开具了销售不动产统一发票，并向原告交付了 3 个车位，但原告至今未能办理诉争车位的所有权登记手续。另外查明，原告系该小区 01 店面、02 店面、03 店面的所有人，为该小区业主。

问：原告能否要求被告继续履行合同，办理登记手续？

参考答案

第七章　物业管理纠纷的调解

一、调解宗旨

◈ **知识点提炼**

调解宗旨

◈ **知识点详解**

调解宗旨　物业管理纠纷的妥善处理涉及广大居民的生活安宁，涉及广大人民群众的幸福指数。物业管理纠纷涉及的标的额虽小，但涉及的事由较为琐碎，物业管理纠纷的解决往往需要较长时间，如果通过诉讼、仲裁等方式解决当事人间的纠纷往往需耗费巨大的人力、财力与物力，更要消耗巨大的时间成本。在此种情形下，即使纠纷得到解决，也很难实现法律效果与社会效果的统一，不利于新时代中国特色社会主义和谐社会的稳步建设。坚持诉调对接，在妥善处理纠纷的情况下提升纠纷解决的效率对于当事人而言就显得尤为重要。调解作为解决物业管理纠纷的重要方式，对于推进纠纷一次性解决、减轻当事人讼累与构建和谐社会具有重要意义。

《浙江省司法厅、浙江省住房和城乡建设厅关于加强人民调解化解物业管理纠纷的指导意见》指出：物业管理纠纷的调解充分发挥人民调解的积极作用，不断加大物业管理纠纷预防和调处作用，促进人民调解、行政调解、司法调解相互联动、相互衔接，做到便民、利民、快捷、高效，实现畅通群众利益诉求渠道，力争"小事不出社区（村），大事不出街道（乡镇）"，依法、及时、有效地将物业管理领域的纠纷预防化解在初始阶段，依法维护业主和物业服务企业的合法权益，营造和谐安宁的良好社会环境。物业管理纠纷，应当坚持调解优先原则，积极引导当事人接受社区、街道组织的人民调解，不断完善物业管理纠纷快速处理机制。

此外，《杭州市物业管理条例》第六条规定，房产等有关部门、街道办事处、乡镇人民政府和居民委员会、物业管理协会应当建立和完善人民调解、行政调解等相衔接的物业管理活动纠纷处理机制。鼓励通过和解、调解等途径解决物业管理活动纠纷。

综上所述，通过调解解决物业管理纠纷旨在一次性解决当事人之间的纠纷，使各方当事人的日常生活生产能够顺利进行。

◆ **选择题**

　1. 解决物业管理纠纷的宗旨为　　　　　　　　　　　　　　（　　）

　　　A. 促进纠纷一次性解决　　　　　B. 减轻当事人讼累

　　　C. 推进和谐社会的构建　　　　　D. 维护当事人各方的合法权益

参考答案

二、调解原则

◈ **知识点提炼**

调解原则

◈ **知识点详解**

调解原则 对物业管理纠纷进行调解也应当坚持一定的底线和原则，要坚持在守护公正的基础之上适当提升效率，一味注重办案数量而忽视办案质量只会使当事人的合法权益进一步受到侵害，与上述调解宗旨背道而驰，故物业管理纠纷应当坚持以下调解原则：

（一）平等自愿原则。人民调解组织调解物业管理纠纷应在双方当事人自愿的前提下，在公平、公正的基础上进行，纠纷调解工作人员要对产生纠纷的当事人进行意向引导，应尊重纠纷当事人的意愿。纠纷一方当事人申请调解，人民调解组织可主动做另一方当事人的思想工作，在征得双方当事人同意的情况下实施调解工作。

（二）依法调解原则。人民调解组织应依法调解物业管理纠纷，法律、法规和合同有规定或约定的，应按照规定或约定调解；无规定或约定的，应按照政策文件或行业普遍认可的规范进行调解。在调解物业管理纠纷过程中，不能为化解纠纷违法违规或侵害其他权益人的合法利益，从而产生新的纠纷隐患。

（三）预防与调解并重原则。人民调解组织既要重视物业管理纠纷的调解，及时化解纠纷；又要注重物业管理纠纷的预防，经常性排查物业管理中的矛盾，主动介入并开展工作，避免矛盾激化。

（四）尊重当事人权利原则。人民调解组织不得因调解而阻止当事人依法通过仲裁、行政、司法等途径维护自己权利。人民调解组织调解纠纷不收取任何费用。

（五）调解互动原则。加强人民调解、行政调解、司法调解和社会力量的有机结合，整合资源、形成合力，建立长效工作机制，切实提高解决物业管理纠纷的效果和效率。

综上所述，只有在坚持上述调解原则的基础上开展调解工作方能实现法律效果与社会效果的统一，才能充分做到案结事了，当事人对法律的认知与敬畏方能进一步加强。

◆ 选择题

1. 调解物业管理纠纷所应当坚持的原则是 　　　　　　　　　　　　（　　）

    A. 效率第一、公正第二 　　　　　　B. 调解互动原则

    C. 尊重当事人权利原则 　　　　　　D. 平等自愿原则

    E. 依法调解原则

参考答案

三、调解机构

◈ **知识点提炼**

  调解机构

◈ **知识点详解**

  调解机构 开展调解工作需要有专门的机构，坚持"专业的人做专业的事"，调解机构的设置要有法律依据，相关调解工作的开展要符合法律规定，相关人员对开展调解工作也应当坚持合理合法。禁止为快速达成调解目标而引导当事人实施违法犯罪活动。

  《浙江省司法厅、浙江省住房和城乡建设厅关于加强人民调解化解物业管理纠纷的指导意见》第三条规定，以现有的人民调解组织为基础，建立县（市、区）、街道（乡镇）、社区（村）层面物业管理纠纷人民调解组织体系，或根据实际，建立司法行政与住房和城乡建设主管部门的物业管理纠纷调处衔接机制。

  （一）社区（村）人民调解委员会，可通过吸收社区民警、社区（村）法律顾问、业主委员会成员或者业主代表、物业服务企业代表等有关人员，负责本辖区一般性物业管理纠纷的预防、受理、调解及纠纷信息的排查，开展相关法律、法规、政策的宣传教育。有条件的物业管理住宅小区，可依托所在社区（村）人民调解委员会设立住宅小区物业管理纠纷人民调解工作室，成员一般由所在住宅小区的业主委员会成员、业主、物业服务企业成员等组成，负责本小区简单纠纷的受理、调解。

  （二）在实有人口总量大、密度高、住宅小区物业管理纠纷多发的街道（乡镇）应设立物业管理纠纷人民调解委员会，主任可由街道（乡镇）人民调解委员会主任担任，副主任由负责物业管理的街道（乡镇）相关人员担任，通过聘任专职物业管理纠纷人民调解员，同时吸收社区（村）人民调解委员会主任、业主委员会和物业服务企业代表、城管办、派出所等人员，专门负责受理、调解本辖区内发生的复杂疑难物业管理纠纷。物业管理纠纷较少的街道（乡镇），可依托已有的街道（乡镇）人民调解委员会，吸纳物业管理专业人员，强化物业管理纠纷调解职能。

  （三）各县（市、区）根据本地区的实际需要，可依托行业协会等社会团体和其他组织成立县（市、区）物业管理纠纷人民调解委员会，或依托县人民调解委员会设立物业管理纠纷人民调解工作室，负责受理、调解本辖区内重大复杂疑难物业管理纠纷。

  （四）各县（市、区）司法行政部门负责组建法律咨询专家库，住房和城乡建设主管部门负责组建行业咨询专家库，为本辖区内的物业管理纠纷人民调解工作提供法律和政策支持，并参与重大疑难纠纷的研究和论证。各类专家接受物业管理纠纷人民调解组织的咨询，或应邀参与重大、疑难纠纷的调解。

《杭州市人民政府办公厅转发市司法局关于以人民调解方式化解住宅小区物业纠纷指导意见的通知》第二条规定：

（一）实行物业管理和社区化准物业管理的住宅小区，可新设立住宅小区物业纠纷人民调解组织，负责本小区物业纠纷的受理、调解，并积极促进纠纷双方的和解。住宅小区物业纠纷人民调解组织受所在社区人民调解委员会的指导，成员一般由所在住宅小区的业主委员会成员、业主、"和事佬"协会成员、物业服务企业职工和社区物业专管员等组成。住宅小区物业纠纷人民调解组织的设立及其人员组成，应当向所在乡镇（街道）司法所备案。

（二）社区人民调解委员会负责本社区一般性物业纠纷的预防、受理、调解及纠纷信息的排查，开展相关法律、法规、政策的宣传教育，并接受所在乡镇（街道）人民调解委员会的工作指导。

（三）乡镇（街道）人民调解委员会负责本区域内较复杂物业纠纷的受理、调解等工作，积极协调物业纠纷涉及的相关部门、人员及律师等专业人士参与纠纷的调解，并接受所在区人民调解委员会的工作指导。

（四）城区可在现有的区人民调解委员会内设立物业纠纷人民调解工作室，负责受理、调解本区域内影响较大、情况复杂、处理难度较大的物业纠纷。建立区物业纠纷人民调解工作室的，名称统一为"××区人民调解委员会物业纠纷调解工作室"，由区司法局聘任1至3名专职调解员负责日常工作。

《杭州市人民政府办公厅关于加快发展现代物业服务业的实施意见》第四条也指出：充分发挥调解工作在物业服务纠纷处理中的作用，构建人民调解、行政调解、司法调解相互衔接的物业服务纠纷调解工作新模式，建立市、区、街道（乡镇）、社区（村）四级物业管理投诉受理制度和物业服务纠纷快速处理调解组织体系，着力解决物业服务纠纷逐年增多的问题。根据《杭州市人民政府办公厅转发市司法局关于以人民调解方式化解住宅小区物业纠纷指导意见的通知》要求，充分发挥住宅小区、社区（村）、街道（乡镇）和区四级物业纠纷人民调解组织网络的作用，切实提高物业纠纷的解决效率；充分发挥社区法律顾问作用，引导人民群众依法理性表达利益诉求，在法治的轨道上推动物业服务纠纷及时解决。

由此可以看出，我国当下对物业管理纠纷设置了多层级、多主体的调解机构，充分实行网格化管理，使当事人发生纠纷能够及时找到解决纠纷的相关机构，促进纠纷的及时调处，并探索开创调解化解纠纷的新模式。

◆ **选择题**

1. 调解物业管理纠纷专业机构的整体特点为 （   ）

    A. 多主体   B. 多层级

    C. 网格化管理   D. 创新性

参考答案

四、调解范围与调解工作机制

◈ **知识点提炼**

调解范围　调解工作机制与程序

◈ **知识点详解**

调解范围　并不是任何物业管理类纠纷都能够通过调解来化解矛盾，也并不是任何物业管理类纠纷都适合用调解来化解矛盾，如物业管理公司在进行物业费催缴过程中遭到业主暴力反抗，使物业管理人员遭受严重人身损害的。对此种严重违法甚至可能需要追究刑事责任的行为就不能或不宜通过调解化解纠纷，故调解应当具有法定范围，从而对当事人的合法权益进行充分保障。

《浙江省司法厅、浙江省住房和城乡建设厅关于加强人民调解化解物业管理纠纷的指导意见》第四条规定，人民调解组织调解物业管理纠纷，重点解决在物业管理区域内涉及物业服务、物业使用和维护、物业项目服务管理交接中业主（使用人）之间、业主与业主委员会之间、业主（使用人）或业主委员会与物业服务企业之间、物业服务企业之间发生的各类适合通过人民调解方式解决的民间纠纷：

（一）业主或物业使用人相互之间的纠纷。主要指在物业专有或共有部分、共用设施设备的使用与维护等过程中发生的争议。

（二）业主与业主委员会之间的纠纷。主要指业主对业主委员会是否按照规定和共同约定及时召开业主大会会议或业主大会临时会议、是否经业主大会决议开展活动、是否根据规定组织换届选举、是否根据业主大会决定签订物业服务合同、是否作出违反法律法规的决定以及从事与物业管理无关的活动等产生的争议。

（三）业主（使用人）或业主委员会与物业服务企业之间的纠纷。主要指在物业服务合同履行过程中合同当事人之间产生违约、侵权、物业服务欠费等纠纷。

（四）物业服务企业之间的纠纷。主要指在物业管理交接过程中，围绕交接验收物业项目，移交物业共用部位、共用设施设备及相关场地、物业服务用房和物业资料等过程中发生的争议及其他问题。

（五）其他适合通过人民调解方式解决的物业管理纠纷。

调解工作机制与程序　《浙江省司法厅、浙江省住房和城乡建设厅关于加强人民调解化解物业管理纠纷的指导意见》第五条规定：

（一）物业管理纠纷当事人可以向所在地或纠纷发生地人民调解组织申请调解，人民调解组织应当受理。人民调解组织也可以根据单位、群众的需求或纠纷排查线索主动介入调解，但不得因物业管理纠纷当事人拒绝调解或调解不成而阻止当事人起诉、申请仲裁等。

（二）物业管理纠纷人民调解按属地管理、逐级调解原则，一般纠纷由住宅小区、社区（村）人民调解组织调解，复杂疑难纠纷由街道（乡镇）人民调解组织调解，重大复杂疑难纠纷可提请县（市、区）人民调解组织调解，调解不成的应当终止调解，引导当事人通过行政调解、司法诉讼等途径解决。

（三）对调解难度大，影响面较广、情况较复杂的纠纷，人民调解组织应及时向辖区涉及纠纷的主管及相关部门反映，有关部门应同时参与调解。

（四）人民调解组织调解物业管理纠纷，一般在 1 个月内调结。如有特殊情况不能在 1 个月内调结，经纠纷双方当事人同意，可以适当延长调解期限，但延长期限一般不超过 30 日。

（五）经人民调解组织调解的物业管理纠纷，当事人达成调解协议的，应当制作人民调解协议书，当事人认为无需制作调解协议书的，可以采取口头协议方式，人民调解员应当记录协议内容。调解协议对双方当事人具有法律约束力，当事人应当认真履行。

（六）调解协议书自双方当事人签名、盖章或者按指印，人民调解员签名并加盖人民调解委员会印章之日起生效。口头调解协议自双方当事人达成协议之日起生效。达成调解协议后，双方当事人认为有必要的，可以自调解协议生效之日起 30 日内共同向人民法院依法申请司法确认。

（七）人民调解组织可根据住房和城乡建设主管部门的相关移交开展物业管理纠纷调解。调解成功的，制作人民调解协议书；调解不成功的，应当告知当事人向移交机关重新申请处理，实现人民调解与行政调解的衔接。

（八）人民调解组织可根据法院诉前引导或委托开展物业管理纠纷调解。调解成功的，制作人民调解协议书；调解不成功的，应当告知当事人重新向法院提出诉讼申请，实现人民调解与诉讼程序的衔接。

此外，《浙江省物业管理条例》第三十八条规定，街道办事处、乡镇人民政府和居民委员会应当配合物业主管部门或者受其委托调解业主或者非业主使用人与物业服务企业在物业管理活动中发生的矛盾和争议。

由此可见，调解机构的工作机制须严格遵循现有法律规定，严格遵守实体规定与程序规定。调解机构工作人员唯有坚持实体正义与程序正义相结合，才能在最大程度上保障当事人的合法权益。

◆ 选择题

1. 下列纠纷可以被纳入物业管理纠纷调解范围的有 （　　）

A. 业主或物业使用人相互之间的纠纷

B. 业主与业主委员会之间的纠纷

C. 业主（使用人）或业主委员会与物业服务企业之间的纠纷

D. 物业服务企业之间的纠纷

2.关于调解机构的工作机制，下列说法正确的是　　　　　　　（　　）

　　A. 人民调解组织调解物业管理纠纷，一般在 2 个月内调结。

　　B. 调解协议书自双方当事人签名、盖章或者按指印，人民调解员签名并加盖人民调解委员会印章之日起生效。

　　C. 对调解难度大，影响面较广、情况较复杂的纠纷，人民调解组织应及时向辖区涉及纠纷的主管及相关部门反映，有关部门应同时参与调解。

　　D. 物业管理纠纷当事人可以向所在地或纠纷发生地人民调解组织申请调解，人民调解组织可以受理。

◆ 案例题

1.（1）**事件起因**：2021 年 02 月 04 日，A 小区业主集体来到 B 街道人民调解委员会寻求帮助，称小区物业收费标准过高（每平方米 1.1 元），物业的工作人员态度差，没有作为，不为业主们办事，工作散漫不负责，而且小区内安全隐患大，经常有业主电瓶车被偷现象，保安在岗睡觉，业主们安全感低。除此之外，小区环境脏乱差，保洁员几天清理一次，卫生打扫周期太长，达不到小区内的卫生标准。业主们向物业工作人员反映过多次相关问题，但物业一直没有进行整改，业主与物业的关系日渐僵硬，双方经常发生争吵。随着不满情绪一直增加，双方关系持续恶化，最终还是引发了较为严重的矛盾，互相辱骂、围堵。当事人申请事项：第一，降低物业收费标准，按每平方 1 元以内收取。第二，提高物业服务质量，保证小区内良好的居住环境。第三，成立小区业主委员会，监督物业管理小区。

（2）**调解过程**：人民调解委员会受理案件并向社区干部初步了解后，意识到此事矛盾纠纷需尽快化解，不然情况会越发严重。调委会立刻派出两名专职人民调解员到现场对小区物业和业主进行走访。当人民调解员走访该小区业主时，了解到小区业主和物业的矛盾是日积月累形成的，这让本次矛盾纠纷调解所需时长和难度都有所增加。调解员认为应先稳定小区业主和物业工作人员的情绪，在调查了解清楚双方矛盾具体原因后，再进行矛盾纠纷的定向调解。定好详细缜密的调解计划后，人民调解员马上展开了行动。

在几天内，调委会先稳定了小区业主的情绪，避免双方矛盾恶化，同时满足业主们的要求，协调帮助小区业主建立业主委员会，向社区和办事处提交了申请。之后调解员又走访了小区其他业主，收集了他们对此件事情的看法和想法，了解此前反映的情况基本属实，业主对物业的一些不良作为也是逐日增加。之后调解员又走访了小区物业，物业工作人员称该小区的物业管理都是按照标准进行工作的，小区环境等并没有业主们说得这么糟糕，只是有时部分工作失误，接到业主反映后也进行了整改。第一次的调解就在互不相让的情况下以失败而告终。这次调解失败并没有让调解员气馁，调解员还是时常地对双方进行开导，这也让此件纠纷没有进一步矛盾加深。社区和办事处同意该小区组建业主委员会的申请后，此小区正式成立业主委员会。小区物业称几日后将停止为此小区提供物业服务，并把所属物业公司的所有设施撤掉，由小区业主委员会重新找物业公司。但因小区过小且时间紧迫，业主委员会暂时没有找到合适的物业公司。在此期间，小区的物业管理全部瘫痪，这让小区内又出现了新的矛盾。调解员和社区取得联系，由社区帮助暂时管理该小区。

（3）**调解结果**：2021年3月16日，在经过一个多月的耐心调解和引导后，事情最终向好的方向发展。最终达成协议：一、该物业自愿不再为此小区进行服务，并收回所有物业公司所属设备。二、小区业主委员会招标物业公司进行筛选。三、小区业主委员会暂时维持物业管理等服务，人员工资由委员会承担。

问：请对该调解案例进行点评。

参考答案

附 录

《杭州市物业管理条例》

（2001 年 10 月 17 日杭州市第九届人民代表大会常务委员会第三十七次会议通过 2001 年 12 月 28 日浙江省第九届人民代表大会常务委员会第三十届会议批准

根据 2003 年 8 月 21 日杭州市第十届人民代表大会常务委员会第十二会议通过 2003 年 11 月 6 日浙江省第十届人民代表大会常务委员会第六次会议批准的《杭州市人民代表大会常务委员会关于修改〈杭州市物业管理条例〉个别条款的决定》修正

2013 年 8 月 23 日杭州市第十二届人民代表大会常务委员会第十二次会议第一次修订 2013 年 11 月 22 日浙江省第十二届人民代表大会常务委员会第六次会议批准

2021 年 6 月 29 日杭州市第十三届人民代表大会常务委员会第三十六次会议第二次修订 2021 年 7 月 30 日浙江省第十三届人民代表大会常务委员会第三十次会议批准）

第一章 总 则

第一条 为了规范物业管理活动，维护业主和物业服务人的合法权益，保障物业的合理使用，根据《中华人民共和国民法典》等法律、法规，结合本市实际，制定本条例。

第二条 本市行政区域内的物业管理活动及相关的监督管理适用本条例。

本条例所称物业管理，是指业主通过选聘物业服务人，按照物业服务合同的约定，对物业管理区域内的建筑物及其附属设施进行维修养护，并管理维护环境卫生和相关秩序的活动。

第三条 本市物业管理活动纳入基层社会治理体系，坚持党建引领、政府主导、业主自治、多方参与、协商共建的工作格局。

第四条 鼓励积极运用数字化等新技术、新方法，发挥公共数据平台作用，提升物业管理质量和服务水平。

第五条 开展物业管理活动，应当依法保护业主、非业主使用人的隐私和个人信息。

第六条 房产等有关部门、街道办事处、乡镇人民政府和居民委员会、物业管理协会应当建立和完善人民调解、行政调解等相衔接的物业管理活动纠纷处理机制。

鼓励通过和解、调解等途径解决物业管理活动纠纷。

第七条　物业管理协会应当按照章程开展行业自律管理，接受房产主管部门的指导和监督。

鼓励和支持物业管理协会组织业务培训，参与相关标准编制、行业诚信体系建设等工作。

第八条　业主委员会、物业管理委员会、物业服务人、建设单位以及街道办事处、乡镇人民政府和居民委员会，依照本条例的规定负有向业主公开信息义务的，应当以书面通知、在物业管理区域主要出入口等显著位置公布或者按照管理规约、业主大会议事规则约定的其他方式公开信息，但是本条例另有规定的除外。

第二章　物业管理区域

第九条　新建物业共用主要配套设施设备的，划分为一个物业管理区域。

前款所称新建物业，包括分期开发或者有两个以上建设单位开发的建设项目。

新建物业在编制建设工程设计方案或者初步设计时，应当依照法律、法规的规定，按照有利于生产、生活和物业管理需要的原则，合理确定主要配套设施设备的共用范围。有关主管部门在进行建设工程设计方案审查时，应当征求区、县（市）房产主管部门的意见。

第十条　建设单位应当自取得建设工程规划许可证之日起三十日内，向建设项目所在地的区、县（市）房产主管部门提出划分物业管理区域的申请。

区、县（市）房产主管部门应当会同街道办事处、乡镇人民政府，自收到申请之日起十个工作日内划分物业管理区域，并书面告知建设单位。物业管理区域的划分应当征求相关的居民委员会的意见。

新建物业出售时，建设单位应当将物业管理区域范围在销售现场的显著位置公布，并在房屋买卖合同中明示。

第十一条　没有划分物业管理区域的建成居住区需要实施物业管理的，由所在地的区、县（市）房产主管部门会同街道办事处、乡镇人民政府征求业主、相关的居民委员会意见后，结合城市管理和物业管理实际需要确定物业管理区域，并向全体业主公告。

第十二条　有下列情形之一的，业主委员会可以向所在地的区、县（市）房产主管部门提出物业管理区域调整方案：

（一）因河道、城市道路等物理分割或者习惯形成的两个以上相对独立区域，能明确分清共用配套设施设备管理维护责任，并经业主大会同意，划分为两个以上物业管理区域的；

（二）两个以上独立物业管理区域经各自业主大会同意，归并为一个物业管理区域的。

区、县（市）房产主管部门应当征求所在地的街道办事处、乡镇人民政府及相关的居民委员会的意见，自收到材料之日起二十个工作日内作出决定。

第三章　业主和业主组织
第一节　业主和业主大会

第十三条　房屋所有权人为业主。

因表决业主共同决定事项或者选举业主委员会的需要，业主委员会、物业管理委员会可以通过所在地的街道办事处、乡镇人民政府请求不动产登记等相关部门依法协助核实房屋所有权人信息，但是能够通过其他途径核实的除外。

第十四条　业主在物业管理活动中，依法享有下列权利：

（一）提议召开业主大会会议；

（二）参加业主大会会议，行使投票权；

（三）就制定或者修改管理规约、业主大会议事规则，选聘、解聘物业服务人以及其他物业管理事项提出意见和建议；

（四）选举业主委员会成员、候补成员，享有被选举权；

（五）监督业主委员会、物业管理委员会的工作；

（六）按照物业服务合同的约定，接受物业服务人提供的服务，监督物业服务人履行物业服务合同；

（七）就选举、表决、共有收入等事项享有知情权；

（八）监督共有部分的管理、使用；

（九）监督物业保修金、建筑物及其附属设施的维修资金（以下简称物业专项维修资金）、业主共有收入的管理、使用；

（十）法律、法规规定的其他权利。

第十五条　业主在物业管理活动中，依法履行下列义务：

（一）遵守管理规约、业主大会议事规则；

（二）遵守物业管理区域内共有部分的使用、公共秩序、环境卫生、装饰装修、消防安全、房屋安全、垃圾分类、噪声管理、供排水管理、动物饲养、卫生防疫、绿化等方面的法律、法规、规章；

（三）执行业主大会的决定和业主大会授权业主委员会作出的决定；

（四）依法配合物业服务人执行政府依法实施的应急处置措施和相关管理措施；

（五）按照规定交存物业专项维修资金；

（六）按照约定交纳物业费；

（七）法律、法规规定的其他义务。

业主不得以放弃权利为由不履行义务。

第十六条　下列事项由业主共同决定：

（一）制定和修改业主大会议事规则；

（二）制定和修改管理规约；

（三）选举业主委员会或者更换业主委员会成员；

（四）选聘和解聘物业服务企业或者其他管理人；

（五）使用物业专项维修资金；

（六）筹集物业专项维修资金；

（七）改建、重建建筑物及其附属设施；

（八）改变共有部分的用途或者利用共有部分从事经营活动；

（九）业主委员会运行经费的筹集、使用和管理的具体规则及办法；

（十）使用属于全体业主所有的共有收入或者其他资金，但是在业主大会议事规则约定的次数和额度限制内的除外；

（十一）物业管理区域内有关共有和共同管理权利的其他重大事项。

业主共同决定事项，应当由专有部分面积占比三分之二以上的业主且人数占比三分之二以上的业主参与表决。决定前款第六项至第八项规定的事项，应当经参与表决专有部分面积四分之三以上的业主且参与表决人数四分之三以上的业主同意。决定前款其他事项，应当经参与表决专有部分面积过半数的业主且参与表决人数过半数的业主同意。

第十七条 专有部分面积按照不动产登记簿记载的面积计算；尚未进行不动产登记的，按照房产测绘机构的实测面积计算；尚未进行实测的，按照房屋买卖合同记载的面积计算。

业主人数按照专有部分的数量计算，一个专有部分按照一人计算，但建设单位尚未出售和虽已出售但尚未交付使用的部分，以及同一买受人拥有一个以上专有部分的，按照一人计算。

第十八条 一个物业管理区域内的全体业主可以成立一个业主大会。

物业管理区域内只有一个业主或者全体业主一致同意的，可以不成立业主大会，由业主共同履行业主大会职责。

业主大会定期会议应当按照业主大会议事规则的约定召开。

有下列情形之一的，业主委员会应当及时组织召开业主大会临时会议：

（一）经百分之二十以上业主提议的；

（二）发生重大事故或者物业管理紧急情况需要及时处理的；

（三）区、县（市）房产主管部门或者街道办事处、乡镇人民政府经调查发现业主大会的决定违反业主大会议事规则的约定的；

（四）法律、法规规定或者管理规约、业主大会议事规则约定的其他情形。

第十九条 召开业主大会会议，业主委员会应当于定期会议召开十五日前或者临时会议召开七日前通知全体业主，将会议议题及其具体内容、时间、地点、方式等向全体业主公示，并按照有关规定在本市物业管理信息网络系统填报相关信息。住宅小区召开业主大会会议，应当同时告知相关的居民委员会。

业主大会会议不得就未公示议题进行表决。业主委员会应当将会议决定以书面形式向全体业主公布。

第二十条 业主投票一般应当采用电子方式，但是业主要求提供纸质方式的，业主委员会应当提供。

市房产主管部门应当建立业主电子投票系统，并免费提供给业主投票使用。

投票期限不少于五日且不超过六十日。

第二十一条　管理规约应当对物业的使用、维护、管理，业主共同权益，业主义务，共有收入、财务管理、审计，停车管理，印章管理，违反管理规约应当承担的责任等事项依法作出约定。管理规约对全体业主、非业主使用人具有约束力。

业主大会议事规则应当就业主大会的名称、议事方式、表决程序及方式，业主委员会的选举、罢免和议事规则、人员组成、职责、任期及职务终止等事项依法作出约定。

管理规约和业主大会议事规则不得违反法律、法规，不得违背公序良俗，不得损害国家利益和社会公共利益，不得有对部分业主显失公平的内容。管理规约和业主大会议事规则的示范文本由市房产主管部门会同市民政部门依法制定。

第二十二条　物业管理区域符合下列条件之一的，视为具备召开首次业主大会会议的条件，建设单位应当在一个月内按照有关规定向所在地的街道办事处、乡镇人民政府报送首次业主大会会议筹备资料：

（一）房屋出售并交付的建筑面积达到物业总建筑面积百分之六十以上的；

（二）首套房屋出售并交付满两年，且房屋出售并交付的建筑面积达到物业总建筑面积百分之三十以上的。

首次业主大会会议由依照本条例规定组建的物业管理委员会组织召开。物业管理委员会应当拟定管理规约草案和业主大会议事规则草案、制定业主委员会成员候选人产生办法和业主委员会选举办法、确定业主委员会成员候选人名单，并在首次业主大会会议召开十五日前向全体业主公示。

业主大会自首次业主大会会议表决通过管理规约和业主大会议事规则，并选举产生业主委员会之日起成立。

分期开发的建设项目为一个物业管理区域的，首次业主大会会议应当根据分期开发的物业建筑面积和进度等情况，在业主大会议事规则中明确增补业主委员会成员的办法。建设单位出售该物业管理区域内的房屋时，应当向买受人明示业主大会决定的事项。

第二十三条　首次业主大会会议的筹备经费由建设单位按照物业总建筑面积每平方米一点二元且总额不低于六万元的标准承担。建设单位应当在竣工验收备案前向街道办事处、乡镇人民政府交存筹备经费。

筹备经费使用后有结余的，结余部分可以按照业主大会的决定用于物业管理的相关事项。

第二节　业主委员会

第二十四条　业主委员会是业主大会的执行机构，履行下列职责：

（一）召集业主大会会议，制作、保存业主大会会议记录；

（二）按照业主大会议事规则的约定报告业主委员会履职情况；

（三）拟定物业服务人选聘、续聘、解聘方案并提请业主大会决定，根据业主大会的决定代表业主与物业服务人订立、解除物业服务合同，监督和协助物业服务人履行物业服务合同；

（四）拟定共有部分以及共有收入的使用、管理方案，提请业主大会决定；

（五）监督管理规约的执行；

（六）调解因物业使用、维护和管理产生的纠纷；

（七）法律、法规规定和业主大会赋予的其他职责。

第二十五条　业主委员会成员、候补成员应当由热心公益事业、责任心强、具有一定组织能力且具有完全民事行为能力的业主担任。业主可以在业主大会议事规则中约定业主委员会成员、候补成员需要符合下列条件：

（一）遵守法律、法规和管理规约；

（二）具有必要的工作时间；

（三）按照有关规定或者约定，交存物业专项维修资金、交纳需要业主共同分摊的费用，且未恶意拖欠物业费；

（四）本人及近亲属未在为本物业管理区域提供物业服务的企业任职；

（五）业主大会议事规则约定的其他条件。

鼓励业主中符合条件的中国共产党党员通过法定程序成为业主委员会成员。

第二十六条　业主委员会成员候选人通过下列方式产生：

（一）居民委员会推荐；

（二）业主自荐或者联名推荐。

物业管理委员会应当在街道办事处、乡镇人民政府的指导下，按照法律、法规的规定和业主大会议事规则的约定审查业主委员会成员候选人的资格条件。业主委员会成员候选人确定后，物业管理委员会应当在选举日的十五日前将候选人的情况向全体业主公示，公示时间不得少于七日。

第二十七条　业主委员会成员人数为五人以上十一人以下的单数，但户数在一百户以下的，可以由三人组成。业主委员会成员由业主大会选举产生。业主委员会主任、副主任，由业主委员会成员推选产生。业主大会会议选举产生的业主委员会成员人数未达到业主大会议事规则约定的人数，但达到本条规定的业主委员会最低人数要求并且超过约定人数二分之一的，业主委员会成立。

业主委员会可以按照规定刻制业主大会、业主委员会印章。印章一般由业主委员会保管，也可以委托相关的居民委员会保管。使用业主大会、业主委员会印章，应当遵守管理规约和业主大会议事规则的约定。

第二十八条　业主委员会实行差额选举的，未当选业主委员会成员但得票数达到法定票数的候选人，可以当选为业主委员会候补成员，候补成员的任期与业主委员会成员任期相同。业主委员会候补成员可以列席业主委员会会议，但不享有表决权。

业主委员会成员缺额的，可以从业主委员会候补成员中按照得票数依次递补，并向全体业主公示。递补后，业主委员会成员人数仍未达到法定最低人数要求或者未超过业主大会议事规则约定的总人数二分之一的，应当依照本条例规定重新选举。

第二十九条　业主委员会会议由主任或者其委托的副主任按照业主大会议事规则的约定或者业主大会的决定组织召开。经三分之一以上业主委员会成员提议召开业主委员会会议的，由提议的成员按照业主大会议事规则的约定组织召开。业主委员会召开会议，应当提前告知相关的居民委员会，并接受其指导和监督。

业主委员会会议应当有过半数的成员出席，作出的决定应当经全体成员过半数同意并签字确认。业主委员会成员不得委托他人参加会议。业主委员会应当自作出决定之日起三日内将决定内容向全体业主公布，并告知相关的居民委员会。

业主委员会会议应当制作会议记录，并由出席的成员签名确认。业主委员会会议记录应当妥善保存，保存时间按照业主大会议事规则或者业主大会的决定确定。业主委员会会议记录的示范文本由市房产主管部门制定。

第三十条　业主委员会应当及时向全体业主公开下列信息，公开时间不得少于十五日：

（一）业主委员会成员和专职工作人员的姓名、职务、联系方式等信息；

（二）管理规约、业主大会议事规则；

（三）业主大会、业主委员会的决定；

（四）物业服务合同；

（五）每半年度共有收入筹集、使用的详细情况；

（六）每半年度使用业主大会、业主委员会印章情况；

（七）依照法律、法规规定以及按照管理规约、业主大会议事规则的约定，应当向业主公开的其他信息。

业主委员会应当按照有关规定，在本市物业管理信息网络系统填报前款规定的信息。前款规定的信息有变更的，业主委员会应当依照前款规定将变更后的信息向全体业主公开，并自变更之日起七日内重新填报。

第三十一条　业主委员会成员、候补成员不得有下列行为：

（一）挪用、侵占业主共有财产；

（二）索取、非法收受建设单位、物业服务人或者其他利害关系人提供的利益、报酬，或者利用职务之便要求物业服务人减免物业费等相关费用；

（三）泄露业主个人信息或者将业主个人信息用于与物业管理无关的活动；

（四）伪造或者指使他人伪造业主的选票、表决票、书面委托书或者业主签名，冒充业主或者指使他人冒充业主进行电子投票；

（五）不妥善保管会计凭证、会计账簿、财务会计报告等会计资料，伪造、变造、隐匿、故意销毁会计资料或者不按照规定提供、移交会计资料；

（六）不按照规定刻制、使用、移交业主大会或者业主委员会印章；

（七）损害业主共同利益或者不正当履行职责的其他行为。

业主委员会成员、候补成员有前款规定行为之一或者不再具备业主大会议事规则约定的资格条件的，除已依照本条例规定自行终止职务的外，百分之二十以上业主可以提议业主大会罢免其职务，业主委员会也可以按照业主大会议事规则的约定提议业主大会罢免其职务。

被提出罢免的业主委员会成员、候补成员有权向业主大会提出申辩意见。业主委员会成员、候补成员向业主大会提出申辩意见的，业主大会应当在听取申辩意见后作出决定。

第三十二条 业主委员会成员、候补成员任职期间有下列情形之一的，其职务自行终止，由业主委员会确认并向全体业主公布：

（一）不再是本物业管理区域业主的；

（二）被依法认定为无民事行为能力或者限制民事行为能力的；

（三）被依法追究刑事责任的；

（四）本人以书面形式提出辞职的；

（五）法律、法规规定以及业主大会议事规则约定的其他情形。

第三十三条 业主委员会任期为三至五年。业主委员会应当在任期届满三个月前，向所在地的街道办事处、乡镇人民政府书面报告本届业主委员会届满日期、需要交接的物业管理重要事项等情况，并按照规定选举产生新一届业主委员会，街道办事处、乡镇人民政府应当予以指导。

第三十四条 业主委员会任期届满或者因缺额等原因在任期内终止的，应当在任期届满或者终止之日起十日内，在物业管理委员会监督下，将下列资料和财物移交给新一届业主委员会；新一届业主委员会尚未选举产生的，应当移交给物业管理委员会；尚未成立物业管理委员会的，应当移交给相关的居民委员会：

（一）业主委员会会议材料和由业主委员会保管的档案资料、印章；

（二）所有财务会计资料；

（三）由业主委员会保管的属于全体业主共有的财物；

（四）应当移交的其他资料。

业主委员会成员在任期内职务终止的，应当自终止之日起七日内向业主委员会移交前款规定的资料及财物。

第三十五条 业主大会、业主委员会的运行经费由全体业主承担；物业管理区域内有共有收入的，运行经费可以在共有收入中列支。

鼓励业主委员会编制业主大会、业主委员会年度运行经费预算，提前报请业主大会审议决定。

业主大会可以决定给予业主委员会成员适当的工作津贴。经业主大会决定，业主委员会可以聘请执行秘书、财务人员等专职人员，负责协助处理业主委员会日常事务和财务工作。

第三十六条 业主委员会应当建立财务管理制度。共有收入和业主大会、业主委员会运行经费应当按照会计准则建立账簿。

业主委员会应当按照《会计档案管理办法》的规定妥善保管收支原始凭证以及相关会计资料。

第三十七条 有下列情形之一的，业主委员会应当委托专业机构对共有收入的收支情况和业主大会、业主委员会运行经费的使用情况等进行审计：

（一）业主委员会任期届满的；

（二）业主委员会主任或者负责财务管理的业主委员会成员在任期内职务终止的；

（三）管理规约、业主大会议事规则约定的其他情形。

业主委员会任期届满或者在任期内终止的，应当由新一届业主委员会委托审计；新一届业主委员会尚未产生的，由物业管理委员会委托审计；业主委员会、物业管理委员会拒绝委托审计的，居民委员会可以代为委托。

审计结果应当向全体业主公布，审计费用可以在共有收入中列支。

第三节　物业管理委员会

第三十八条　有下列情形之一的，所在地的街道办事处、乡镇人民政府应当及时组建物业管理委员会，区、县（市）房产主管部门应当予以指导，并会同民政部门对物业管理委员会成员开展相关培训：

（一）新交付物业项目尚不具备召开首次业主大会会议条件的；

（二）新交付物业项目具备召开首次业主大会会议条件但是尚未成立业主大会的；

（三）业主委员会任期届满需要换届选举的；

（四）业主委员会因缺额、被罢免等原因在任期内终止需要重新选举的；

（五）已经划分物业管理区域但是尚未实施物业管理的建成居住区需要实施物业管理的。

第三十九条　物业管理委员会由街道办事处、乡镇人民政府、居民委员会、建设单位各指派一名代表和业主代表组成，成员人数应当为七人以上十一人以下的单数，业主代表的人数不得少于总人数的二分之一；已经成立业主大会的，建设单位可以不再指派人员参加。

业主代表人选应当符合本条例规定的参选业主委员会成员的条件，由街道办事处、乡镇人民政府通过听取业主意见、召开座谈会等方式，在自愿参加的业主中推荐产生。街道办事处、乡镇人民政府应当在物业管理委员会成立前，在物业管理区域内公示物业管理委员会成员名单，公示时间不得少于七日；业主有异议的，可以向街道办事处、乡镇人民政府提出。

物业管理委员会主任由街道办事处、乡镇人民政府指派的代表担任。街道办事处、乡镇人民政府应当自物业管理委员会成立之日起三日内，在物业管理区域内以书面形式向全体业主公布其成员名单。

第四十条　物业管理委员会负责组织具备条件的物业管理区域成立业主大会、选举产生业主委员会或者指导换届选举业主委员会。

物业管理区域尚不具备召开首次业主大会会议条件的，或者具备召开首次业主大会会议条件但是尚未成立业主大会的，物业管理委员会应当组织业主依法决定有关共有和共同管理权利的重大事项，并临时代为履行业主委员会的职责。

业主大会未能及时选举产生业主委员会的，物业管理委员会应当组织业主大会履行职责，并按照管理规约和业主大会议事规则的约定临时代为履行业主委员会的职责。

物业管理委员会应当依法履行职责，及时向业主公开物业管理相关信息，不得作出与物业管理无关的决定，不得从事与物业管理无关的活动。

物业管理委员会履行职责应当接受街道办事处、乡镇人民政府的指导和监督。物业管理委员会作出的决定违反法律、法规的，街道办事处、乡镇人民政府应当责令限期改正或者依法撤销，并通告全体业主。

第四十一条 物业管理委员会的任期一般不超过二年；期满未推动成立业主大会或者选举产生业主委员会的，由街道办事处、乡镇人民政府重新组建物业管理委员会。

物业管理委员会在业主委员会选举产生并按照规定办理移交手续后解散。

第四十二条 物业管理委员会组建、运行的具体办法，由市人民政府另行制定。

第四章 前期物业管理

第四十三条 含有住宅物业的建设项目，建设单位应当在取得商品房预售许可证或者进行现房销售前，订立前期物业服务合同。

含有住宅物业的建设项目，应当采用公开招标方式选聘物业服务人；投标人少于三个或者物业管理区域的物业总建筑面积较小的，经所在地的区、县（市）房产主管部门批准，可以采用协议方式选聘物业服务人。

同一物业管理区域内的非住宅建筑物面积计入物业管理区域总建筑面积。

建设单位在出售房屋前，应当制定临时管理规约，作为房屋销售合同的附件。建设单位制定的临时管理规约，应当参照市房产主管部门会同市民政部门发布的临时管理规约示范文本，不得侵害买受人的合法权益。

第四十四条 物业服务用房的坐落和面积应当在建设工程规划许可证及附件附图中载明，并在办理房屋不动产首次登记前确定。

建设单位应当按照规定配置物业服务用房，其中办公用房面积不少于物业管理区域内实测地上物业总建筑面积的千分之三，经营用房面积不少于物业管理区域内实测地上物业总建筑面积的千分之四；但是物业管理区域内均为非住宅的，只按照不少于实测地上物业总建筑面积千分之三的比例配置办公用房。

规划为商业或者办公用途的地下部分建筑物面积，计入前款规定的地上物业总建筑面积。

物业服务用房应当独立成套，属于物业管理区域内的全体业主所有，不得擅自改变用途。办公用房应当相对集中，具备通水、通电、通信、采光、通风等基本使用功能和办公条件，便于物业服务。业主委员会成立后，办公用房由业主委员会、物业服务人共同使用。

第四十五条 物业交付给业主前，建设单位和物业服务人应当在街道办事处、乡镇人民政府监督下，按照规定移交有关图纸资料，共同查验新建物业共有部分。查验合格的，订立物业承接查验协议；查验不合格的，建设单位应当在三十日内或者在约定期限内返修，并按照规定重新查验。

物业服务人擅自承接未经查验或者查验不合格的物业，因共有部分缺陷给他人造成损害的，应当依法承担相应的法律责任。

承接查验的具体办法由市人民政府另行制定。

第四十六条　建设单位应当在签订物业承接查验协议后，及时向物业服务人移交共有部分。

建设单位与物业服务人应当对交接共有部分签署书面交接记录。交接记录应当包括移交资料明细、共有部分明细、交接时间、交接方式等内容。

物业项目分期开发建设的，建设单位与物业服务人应当分期办理交接手续，在承接最后一期物业时，办理物业项目整体交接手续。

第四十七条　新建物业办理房屋所有权首次登记时，建设单位应当将物业管理区域内依法属于业主共有的道路、绿地、其他公共场所、公用设施和物业服务用房及其占用范围内的建设用地使用权，按照国家和省、市有关规定一并申请登记为业主共有。

建设单位应当在登记后六十日内，在物业管理区域内主要出入口等显著位置长期公开物业管理区域的建设工程总平面图和承接查验信息，并在图上标明或者文字辅助说明业主共有的道路、绿地、其他公共场所、公用设施和物业服务用房的位置与面积。物业服务人应当对长期公开的建设工程总平面图做好相应维护管理工作。

第四十八条　前期物业服务合同履行期间，物业服务人应当开设共有收入专门账户，定期将共有收入使用、管理的详细情况向全体业主公布，并按照规定在本市物业管理信息网络系统填报相关信息；物业服务人出租物业服务用房中的经营用房等共有部分的，租赁期限不得超过业主大会成立后十二个月，租赁收入在扣除合理成本之后属于业主共有。

前期物业服务合同终止，业主委员会应当委托专业机构对前期物业服务期间共有收入的收支情况进行审计并将审计结果公布。

第五章　物业服务

第四十九条　鼓励采用公开招标方式选聘物业服务人。

物业服务人应当在物业服务合同订立之日起十五日内，将合同副本及相关资料报送所在地的区、县（市）房产主管部门备案。

物业服务合同履行期间，业主提出解聘物业服务人的，应当按照法定程序共同决定。

物业服务合同期限届满前，业主委员会应当与物业服务人协商合同续订。物业服务人同意续聘的，业主委员会应当组织召开业主大会会议决定是否续聘。业主大会决定续聘的，应当在原合同期限届满前续订物业服务合同；业主大会决定选聘新的物业服务人的，由业主委员会拟定选聘方案，经业主大会表决通过后，以书面形式向全体业主公示。

第五十条　物业服务人应当按照物业服务合同的约定向物业管理区域派驻负责人员和必要的工作人员，履行下列义务：

（一）提供清洁卫生、绿化养护、秩序维护等基本服务；

（二）依法维护、管理物业管理区域内的公用设施；

（三）建立日常管理档案及共有部分的资料档案；

（四）采取合理措施保护业主、非业主使用人的人身、财产安全；

（五）法律、法规规定和物业服务合同约定的其他义务。

物业服务人不得强制业主、非业主使用人通过提供人脸、指纹等生物信息方式进入物业管理区域或者使用共有部分，不得泄露在物业服务中获取的业主、非业主使用人个人信息，不得强制业主、非业主使用人购买其提供或者指定的商品或者服务，不得侵害业主、非业主使用人的人身、财产权利。

物业服务人应当通过本市物业管理信息网络系统或者其他约定方式，听取业主、非业主使用人的意见和建议，并建立投诉受理制度，公开投诉电话等投诉方式，及时接受业主、非业主使用人投诉。物业服务人应当自收到投诉之日起十日内作出答复。投诉人对答复有异议的，可以向房产等有关部门投诉。

第五十一条 物业服务人应当长期公开、及时更新下列信息：

（一）物业服务项目负责人员、工作人员的姓名、职务、联系方式等；

（二）物业服务内容和标准、收费标准和方式等；

（三）电梯维护保养单位的名称、联系电话和应急处置措施等；

（四）法律、法规、规章规定以及物业服务合同约定应当向业主公开的其他信息。

第五十二条 除按照国家和省有关规定实行政府指导价的以外，物业服务收费实行市场调节价。

物业服务收费实行政府指导价的，具体范围和收费标准由市发展和改革主管部门会同市房产主管部门根据省有关规定确定，并根据物业服务成本变化情况等因素进行调整。

物业服务收费实行市场调节价的，物业管理协会可以在房产主管部门的指导、监督下，根据本行政区域经济发展水平和成本变动情况，定期发布各类物业服务内容、服务标准及参考价格。

第五十三条 因职工最低工资标准调整或者其他物业服务成本发生较大变化等原因，需要调整物业服务收费标准的，应当遵守下列规定：

（一）物业服务人委托专业机构对上一年度本物业服务项目的经营情况进行审计，并将审计报告提交业主委员会；

（二）物业服务人拟定收费标准调整方案，包括调整范围和理由，提交业主委员会；

（三）业主委员会将审计报告、收费标准调整方案公示三十日以上；

（四）业主委员会将调整方案提交业主大会决定。

物业服务人应当将物业收费标准的调整事项和结果及时报告所在地的街道办事处、乡镇人民政府和相关的居民委员会。

第五十四条 含有住宅的物业管理区域内共有部分的水、电费用需要分摊的，物业服务人应当按照收费周期及时向业主公开用量、单价、金额等情况，由业主按照约定方式分摊；没有约定或者约定不明确的，按照业主专有部分面积所占比例分摊。

业主对分摊情况提出异议的，物业服务人应当及时答复。

第五十五条 物业交付给业主前，物业费由建设单位承担。物业交付给业主后，物业费由业主按照物业服务合同的约定承担；当事人另有约定的，从其约定。各级人民政府、主管部门、居民委员会委托物业服务人实施物业服务合同约定以外的公共服务事项的，应当支付相关费用。

业主应当按照约定按时足额交纳物业费。物业服务人已经按照约定和有关规定提供服务的，业主不得以未接受或者无需接受相关物业服务为由拒绝支付物业费。业主违反约定逾期不支付物业费的，物业服务人可以催告其在合理期限内支付，业主委员会有权依照法律、法规规定以及按照管理规约的约定协助物业服务人催交；合理期限届满仍不支付的，物业服务人可以提起诉讼或者申请仲裁。物业服务人不得采取停止供电、供水、供气、供热等方式催交物业费。

物业服务合同约定预收物业费的，预收期限最长不得超过十二个月，且不得超过合同期限。

第五十六条 业主转让、出租物业或者设立居住权的，应当将管理规约、物业服务收费标准等事项告知受让人、承租人或者居住权人，并自合同签订之日起十五日内，将物业转让、出租或者设立居住权的相关情况告知业主委员会和物业服务人。

第五十七条 物业服务合同终止且业主大会选聘新的物业服务人或者决定自行管理的，原物业服务人应当自终止之日起十五日内退出物业管理区域，向业主委员会、决定自行管理的业主或者其指定的人移交共有部分和物业管理档案资料、物业承接查验资料，以及受委托管理的共有收入等相关财物，合同另有约定的从其约定。前期物业服务合同终止的，移交应当在街道办事处、乡镇人民政府监督下进行。

业主大会选聘新的物业服务人的，业主委员会应当在订立物业服务合同后十日内，与新物业服务人对共有部分进行承接查验；查验合格的，订立承接查验协议，并按照规定移交物业承接查验资料。

原物业服务人不得以业主欠交物业费、其他纠纷未解决、阶段工作未完成、物业服务合同未履行完毕等理由拒绝退出物业管理区域。业主不得以原物业服务人已退出本物业管理区域为由，拒绝支付相应的物业费。

第五十八条 因物业服务人不履行或者不能履行物业服务合同，影响业主基本生活的，街道办事处、乡镇人民政府应当组织有关单位确定临时物业服务人，提供清洁卫生、秩序维护等维持业主基本生活的服务事项。

第五十九条 供水、供电、供气、供热、通信、有线电视等专业单位应当服务到物业管理区域内的最终用户，并向最终用户收取费用。专业单位不得强制物业服务人代收费用，不得因物业服务人拒绝代收费用而停止向最终用户提供服务。

物业服务人接受专业单位委托代收费用的，不得向业主收取手续费、周转金、保证金等费用。

物业服务人退出物业管理区域时已代收但未向专业单位缴清的费用，专业单位应当请求原物业服务人偿还，不得因此停止向最终用户提供服务。

第六十条 物业服务人按照物业服务合同的约定，对物业服务用房中的经营用房等共有部分进行经营产生的收入，在扣除合理成本之后属于业主共有。

共有收入委托物业服务人管理的，物业服务人应当开设专门账户，不得与物业服务人其他收支合用账户，并定期公开共有收入的详细收支情况。共有收入由业主委员会管理的，应当以业主委员会名义开设专门账户，不得以任何个人或者其他组织名义开设账户。业主委员会应当定期委托专业机构对共有收入的收支情况进行审计，并将审计结果向全体业主公布。

共有收入应当主要用于补充物业专项维修资金，但补充后达到首期交存金额的可以停止补充，也可以根据业主大会的决定用于共有部分保修期满后的维修、更新、改造或者物业管理的其他需要。

第六章　物业使用和维护

第六十一条　业主、非业主使用人应当遵守法律、法规、规章及临时管理规约、管理规约，按照规划用途合理、安全地使用物业。

业主、非业主使用人、物业服务人不得实施下列行为：

（一）违法拆除、变动建筑主体或者承重结构；

（二）将无防水要求的房间或者阳台改为卫生间、厨房，或者将卫生间改在下层住户的卧室、起居室（厅）、书房和厨房的上方；

（三）违法搭建、改建建筑物、构筑物，违法挖掘房屋地下空间，或者违法改变建筑物外立面；

（四）擅自改变房屋用途或者将配套设施挪作他用；

（五）擅自占用公共用地；

（六）违法饲养动物或者不履行饲养人义务，严重影响其他业主生活；

（七）违反生活垃圾分类管理规定投放垃圾；

（八）从建筑物中抛掷物品；

（九）损坏、挪用或者擅自拆除、停用消防设施、器材，埋压、圈占、遮挡消火栓，占用防火间距，占用、堵塞、封闭疏散通道、安全出口、消防车通道、消防车登高场地；

（十）违反消防安全管理规定为电动汽车、电动摩托车、电动自行车充电；

（十一）法律、法规、规章和临时管理规约、管理规约禁止的其他行为。

发现前款行为的，业主有权投诉、举报；物业服务人应当进行劝阻、制止，必要时应当向相关主管部门报告，相关主管部门应当依法及时处理。

对违法占用、堵塞、封闭疏散通道、安全出口、消防车通道、消防车登高场地的，物业服务人还可以按照物业服务合同、临时管理规约、管理规约的约定予以清理。

第六十二条　业主、非业主使用人进行物业装饰装修的，应当遵守相关法律、法规和临时管理规约、管理规约，并事先告知物业服务人。

物业服务人对物业装饰装修活动进行巡查时，业主、非业主使用人和装饰装修企业及其人员应当予以配合。

第六十三条　物业管理区域内规划用于停放机动车的车位、车库应当首先满足业主的需要。

占用物业管理区域内业主共有的道路或者其他场地停放机动车、非机动车的，应当遵守下列规定：

（一）业主大会成立前，车辆停放管理制度由物业管理委员会组织制定；尚未成立物业管理委员会的，由物业服务人在街道办事处、乡镇人民政府指导下制定；

（二）业主大会成立后，相关管理制度由业主大会制定；

（三）对车辆停放收费的，应当确定收费标准。

利用人民防空工程停放机动车、非机动车的，应当遵守《中华人民共和国人民防空法》等法律、法规、规章的规定。

第六十四条　物业交付给业主前，建设单位应当按照有关规定将验收合格的供水、供电、供气、供热、通信、有线电视等专业设施设备移交给相关专业单位管理，并移交有关技术资料。相关专业单位应当及时接收。物业交付时，建设单位应当将有关专业设施设备移交专业单位管理的情况予以公布。

第六十五条　供水、供电、供气、供热、通信、有线电视等专业单位在接收物业管理区域内专业设施设备后，应当按照国家和省、市相关规定，承担物业管理区域内专业设施设备的维修、养护、更新改造责任，确保专业设施设备的安全运转和全体业主的正常使用。专业单位委托物业服务人负责专业设施设备日常维修养护的，应当明确维修养护的主要事项和费用支付的标准与方式。

第六十六条　用于销售的物业，建设单位应当在竣工验收之前，按照物业建筑安装总造价百分之二的比例，向市、县（市）房产主管部门指定的物业保修金管理机构交存物业保修金，作为物业保修期内维修费用的保证。

物业保修金管理机构应当将建设单位交存物业保修金的相关信息共享给区、县（市）城乡建设主管部门，由区、县（市）城乡建设主管部门在办理物业竣工验收备案时核验交存情况。

第六十七条　建设单位应当按照国家规定的保修期限和保修范围，承担保修责任。

在物业保修期内，经鉴定房屋等建筑安装工程存在质量问题，但是建设单位不履行保修责任或者不能履行保修责任的，业主或者业主委员会可以申请使用物业保修金。鉴定机构由建设单位与业主或者业主委员会协商确定，协商不成的，由区、县（市）城乡建设主管部门指定。

建设单位因注销、清算等原因无法继续履行保修责任的，应当确定继续履行保修责任的单位，并告知物业保修金管理机构。

因建设单位或者继续履行保修责任的单位不履行保修责任，业主或者业主委员会按照规定使用物业保修金的，建设单位或者继续履行保修责任的单位应当在使用后十五日内足额补存。

第六十八条　物业保修金管理机构应当在物业保修金存储期限届满前一个月内，将拟退还物业保修金的事项在相关的物业管理区域内进行公示，期限为三十日。在公示期内，业主、业主委员会、物业服务人未提出异议的，物业保修金管理机构应当将物业保修金本息余额退还给建设单位或者继续履行保修责任的单位；有提出异议的，建设单位或者继续履行保修责任的单位与异议提出人应当在六个月内解决争议。逾期未解决争议，且异议提出人未就争议事项提起诉讼或者申请仲裁的，物业保修金管理机构应当将物业保修金本息余额退还给建设单位或者继续履行保修责任的单位。

第六十九条 物业保修期满后，共有部分的维修、更新、改造所需费用，有约定的，按照约定；没有约定或者约定不明确的，由业主按照专有部分面积所占比例承担。

鼓励通过公开招标方式选聘施工单位实施对共有部分的维修、更新、改造。

第七十条 首期物业专项维修资金由建设单位代收代交。建设单位应当在物业竣工验收备案之前，按照物业总建筑面积和交存标准向市、县（市）房产主管部门指定的物业专项维修资金管理机构交存物业专项维修资金。

前款所称物业总建筑面积以房产测绘机构提供的测绘成果为准；交存标准为房屋建筑安装工程每平方米建筑面积平均造价的百分之五至百分之八，具体标准由市、县（市）房产主管部门会同同级财政部门根据当地实际和房屋结构类型确定，报本级人民政府批准后公布。

物业交付时，建设单位应当按照专有部分面积及同一交存标准向业主收取，其余部分的首期物业专项维修资金由建设单位承担。

物业专项维修资金管理机构应当将建设单位交存物业专项维修资金的相关信息共享给区、县（市）城乡建设主管部门，由区、县（市）城乡建设主管部门在办理物业竣工验收备案时核验交存情况。

第七十一条 物业专项维修资金本息余额不足首期交存额的百分之三十的，业主委员会应当组织续交；续交方式、金额等具体事项由管理规约约定或者由业主共同决定。

业主未按照管理规约的约定或者业主共同决定续交物业专项维修资金的，由业主委员会催告。

所在地的街道办事处、乡镇人民政府或者受其委托的居民委员会应当指导、协调物业专项维修资金续交工作。

第七十二条 物业专项维修资金应当按照国家和省、市有关规定专项用于共有部分保修期满后的维修、更新和改造，并遵守下列规定：

（一）涉及整个物业管理区域的共有部分的，在该区域全体业主的物业专项维修资金账户中列支；涉及单幢或部分物业共有部分的，在其相关业主的物业专项维修资金账户中列支；

（二）工程完工后，业主委员会应当组织验收，并委托专门机构进行决（结）算审计；但是决（结）算金额在三万元以下的，经业主委员会审核同意，可以不进行决（结）算审计。工程决（结）算金额超出预算金额百分之十以上的，超出部分应当按照有关规定重新申报。

第七十三条　共有部分发生下列危及公共安全或者严重影响业主居住使用的紧急情况的，物业服务人应当及时报告业主委员会，并采取必要安全措施或者应急措施：

（一）电梯严重故障；

（二）消防设施、器材严重损坏；

（三）建筑外立面存在脱落危险；

（四）围墙、道路坍塌；

（五）屋顶、外墙渗漏；

（六）排水设施严重堵塞或者损坏。

发生前款规定的紧急情况，需要立即使用物业专项维修资金对共有部分进行维修和更新、改造的，维修方案经业主委员会审核，并经所在地的街道办事处、乡镇人民政府或者受其委托的居民委员会确认后，可以不经业主共同决定，直接申请使用物业专项维修资金。

工程完工后，业主委员会应当组织验收，并委托专门机构进行决（结）算审计；所在地的街道办事处、乡镇人民政府应当及时确认工程完成情况，并将确认后的相关维修方案和工程完成情况报区、县（市）市场监管、消防救援、城乡建设、房产等相应主管部门备案，由相应主管部门对工程完成情况进行监督检查。

第七十四条　下列费用不得从物业专项维修资金中列支：

（一）依法应当由建设单位或者施工单位承担的共有部分维修、更新和改造等费用；

（二）依法应当由相关专业单位承担的供水、供电、供气、供热、通信、有线电视等管线和设施设备的维修、养护费用；

（三）因人为损坏及其他原因应当由当事人承担的修复费用；

（四）根据物业服务合同应当由物业服务人承担的维修养护费用；

（五）国家和省有关规定中明确应当由有关单位和个人承担的费用。

第七章　监督管理

第七十五条　市人民政府应当加强对物业管理活动监督管理工作的领导，组织本条例的实施，建立物业管理综合协调制度，统筹解决物业管理工作中的重大问题。

区、县（市）人民政府应当组织本级相关部门、街道办事处、乡镇人民政府做好物业管理活动的监督管理，协调解决物业管理工作中的相关问题，并为街道办事处、乡镇人民政府开展物业管理活动监督管理工作提供必要保障。

第七十六条　市房产主管部门负责本市行政区域内物业管理活动的监督管理，履行下列职责：

（一）制定本市物业管理相关政策；

（二）建立和完善物业服务信用管理制度，对本市物业服务行业进行监督管理；

（三）建立、维护本市物业管理信息网络系统；

（四）负责本市物业保修金、物业专项维修资金的归集和使用管理，建立年度公布及日常查询制度，接受业主监督；

（五）制定管理规约、业主大会议事规则、物业服务合同等示范文本；

（六）指导和监督本市物业管理协会开展行业自律和服务工作；

（七）法律、法规、规章规定的其他职责。

市房产主管部门应当督促区、县（市）房产主管部门支持、指导街道办事处、乡镇人民政府做好物业管理活动的监督管理。

第七十七条 区、县（市）房产主管部门负责本行政区域内物业管理活动的监督管理，履行下列职责：

（一）依法划定、调整物业管理区域；

（二）监督管理物业保修金、物业专项维修资金的归集、使用，建立年度公布及日常查询制度，接受业主监督；

（三）受理物业服务合同备案；

（四）依法对物业服务人和从业人员的物业服务活动进行监督管理；

（五）定期组织业主委员会成员、物业管理委员会成员、物业服务从业人员、居民委员会人员开展物业管理知识培训；

（六）法律、法规、规章规定的其他职责。

第七十八条 发展和改革、经济和信息化、城乡建设、民政、财政、规划和自然资源、市场监督管理、应急管理、公安、城市管理、生态环境、人民防空和消防救援等部门应当按照各自职责，做好物业管理活动的监督管理工作。

第七十九条 街道办事处、乡镇人民政府应当将物业管理活动纳入基层治理工作，根据需要建立物业管理联席会议等制度，落实人员、经费，履行下列职责：

（一）指导、监督、协助业主成立业主大会，指导、监督业主委员会换届选举，办理业主委员会备案手续，对相关人员进行培训；

（二）指导、监督业主大会、业主委员会履行职责；

（三）组建物业管理委员会并指导、监督其运行；

（四）监督物业承接查验；

（五）法律、法规、规章规定的其他职责。

居民委员会协助街道办事处、乡镇人民政府开展相关工作，向街道办事处、乡镇人民政府反映业主的意见、要求和提出建议。

第八十条 业主委员会不依照本条例规定组织召开业主大会会议的，所在地的街道办事处、乡镇人民政府应当责令业主委员会在三十日内组织召开；逾期未召开的，由街道办事处、乡镇人民政府指导业主召开。

业主委员会未依照本条例规定向业主公开相关信息的，或者未按照规定在本市物业管理信息网络系统填报、更新相关信息的，由所在地的街道办事处、乡镇人民政府责令限期改正。

业主大会、业主委员会作出的决定违反法律、法规的，所在地的街道办事处、乡镇人民政府应当责令限期改正或者依法撤销其决定，并通告全体业主。

第八十一条 街道办事处、乡镇人民政府经调查发现业主委员会成员有本条例

第三十一条第一款规定情形的，可以建议业主大会罢免其职务。

业主委员会有下列情形之一的，由街道办事处、乡镇人民政府责令改正；拒不改正、造成严重后果的，街道办事处、乡镇人民政府可以向业主大会建议罢免业主委员会全体成员职务，发现涉嫌违法行为的，应当向相关部门报告：

（一）不执行业主大会决定的；

（二）不按照规定组织召开业主大会会议的；

（三）不按照规定筹集、使用物业专项维修资金的；

（四）挪用、侵占物业专项维修资金或者全体业主共有的财物的；

（五）违反法律、法规规定，侵害业主合法权益的其他行为。

第八十二条 区、县（市）人民政府和街道办事处、乡镇人民政府应当将业主委员会、物业服务人纳入相关突发事件应急处置工作体系，建立物资和资金保障机制。

发生突发事件时，街道办事处、乡镇人民政府应当按照响应等级组织落实市和区、县（市）人民政府的应急措施，指导、督促物业服务人配合居民委员会开展工作。

第八十三条 任何单位或者个人都有权通过"12345"市长公开电话等方式举报、投诉违反本条例的行为，相关部门应当按照规定及时处理。

第八章 法律责任

第八十四条 违反本条例规定的行为，法律、行政法规和省的地方性法规已有法律责任规定的，从其规定。

本条例规定的行政处罚，实行综合行政执法的，依法由综合行政执法部门实施。

第八十五条 建设单位违反本条例规定，有下列情形之一的，由区、县（市）房产主管部门责令限期改正；逾期不改正的，按照下列规定予以处罚：

（一）未按照规定报送筹备首次业主大会会议所需的有关资料的，处一万元以上三万元以下罚款；

（二）未按照规定交存首次业主大会会议筹备经费的，处应交存筹备经费的一倍以上三倍以下罚款；

（三）未按照规定移交有关图纸资料和查验新建物业共有部分的，处五万元以上十万元以下罚款。

第八十六条 物业服务人违反本条例规定，有下列情形之一的，由区、县（市）房产主管部门责令限期改正，可以给予警告或者按照下列规定予以处罚：

（一）未按照规定办理物业服务合同备案或者伪造、篡改备案相关资料的，处五千元以上五万元以下罚款；

（二）以业主拖欠物业费为由，实施停止供水、供电、供气、供热等行为的，处一万元以上五万元以下罚款；

（三）无正当理由拒绝退出物业管理项目的，处十万元以上三十万元以下罚款；

（四）未按照规定开设共有收入专门账户的，处一万元以上三万元以下罚款。

第八十七条 业主委员会成员违反本条例规定，拒不移交其保管的资料、财物的，由区、县（市）房产主管部门责令限期改正；逾期不改正的，处五百元以下罚款。

第八十八条 业主、非业主使用人违反本条例规定，有下列情形之一的，由有关主管部门按照下列规定予以处罚：

（一）将无防水要求的房间或者阳台改为卫生间、厨房，或者将卫生间改在下层住户的卧室、起居室（厅）、书房和厨房的上方的，由区、县（市）房产主管部门责令改正，处一万元以上五万元以下罚款；

（二）违反消防安全管理规定为电动汽车、电动摩托车、电动自行车充电的，由消防救援机构责令改正，处五十元以上二百元以下罚款。

第八十九条 房产主管部门、街道办事处、乡镇人民政府和其他有关管理部门的工作人员在物业管理活动监督管理中，有下列情形之一的，由其所在单位、主管部门、上级机关或者监察机关依法给予处分：

（一）违法实施行政许可或者行政处罚的；

（二）不依照法律、行政法规、省的地方性法规和本条例规定履行职责的；

（三）发现违法行为不及时查处，或者包庇、纵容违法行为，造成严重后果的；

（四）其他玩忽职守、滥用职权、徇私舞弊的情形。

第九章 附 则

第九十条 本条例中下列用语的含义是指：

（一）专有部分，包括具有构造上、利用上的独立性，能够明确区分、可以排他使用并且能够登记成为特定业主所有权的房屋和规划上专属于特定房屋且建设单位销售时已经根据规划列入该特定房屋买卖合同中的露台等，以及车位、摊位等特定空间。

（二）共有部分，包括依法属于业主共有的道路、绿地，其他公共场所、公用设施、物业服务用房，建筑物的基础、承重结构、外墙、屋顶等基本结构部分，通道、楼梯、大堂等公共通行部分，消防、公共照明等附属设施、设备，避难层、设备层或者设备间等结构部分，以及其他不属于业主专有部分、也不属于市政公用部分或者其他权利人所有的场所及设施等。

（三）物业服务人，包括物业服务企业和其他管理人。

（四）非业主使用人，包括承租人、居住权人等。

（五）"以上"、"以下"、"届满"，包括本数；"不足"、"超过"，不包括本数。

第九十一条 经业主共同决定，物业管理区域可以由业主参照本条例自行管理，所在地的街道办事处、乡镇人民政府和相关的居民委员会应当予以指导、监督，业主可以请求所在地的房产等有关部门依法予以协助。

物业管理区域实行业主自行管理的，执行机构、管理方案、收费标准和管理期限等事项应当由业主共同决定。

业主自行管理的，由全体业主履行物业管理区域内的安全防范和消防安全职责。对电梯等涉及人身、财产安全以及其他有特定要求的设施设备管理，业主应当委托专业机构进行维护。

业主自行管理中需要开具发票的，可以持所在地的街道办事处、乡镇人民政府或者相关的居民委员会的证明材料，向税务部门申请办理临时税务登记证，凭临时税务登记证申请领用发票。

业主可以共同决定委托专业机构对管理费用、共有收入等进行财务管理和审计。管理账目应当每年向业主公布一次。

第九十二条　农民集体所有土地上的住宅小区的物业管理可以参照本条例执行，由相关的村民委员会履行本条例规定的居民委员会职责。

第九十三条　本条例自 2022 年 3 月 1 日起施行。

《浙江省司法厅、浙江省住房和城乡建设厅关于加强人民调解化解物业管理纠纷的指导意见》

各市、县（市、区）司法局，建委（建设局）、房管局：

为充分发挥人民调解工作在预防、化解物业管理纠纷中的作用，探索人民调解、行政调解、司法调解相互联动、相互衔接的物业管理纠纷调解工作新模式，进一步促进社会和谐与稳定，根据《中华人民共和国人民调解法》《中华人民共和国物权法》《浙江省物业管理条例》和《浙江省人民政府办公厅关于加快发展现代物业服务业的若干意见》（浙政办发〔2012〕19号）等相关规定，现就做好物业管理纠纷人民调解工作提出如下指导意见：

一、工作目标

充分发挥人民调解的积极作用，不断加大物业管理纠纷预防和调处作用，促进人民调解、行政调解、司法调解相互联动、相互衔接，做到便民、利民、快捷、高效，实现畅通群众利益诉求渠道，力争"小事不出社区（村），大事不出街道（乡镇）"，依法、及时、有效地将物业管理领域的纠纷预防化解在初始阶段，依法维护业主和物业服务企业的合法权益，营造和谐安宁的良好社会环境。

二、工作原则

（一）平等自愿原则。人民调解组织调解物业管理纠纷应在双方当事人自愿的前提下，在公平、公正的基础上进行，纠纷调解工作人员要对产生纠纷的当事人进行意向引导，应尊重纠纷当事人的意愿。纠纷一方当事人申请调解，人民调解组织可主动做另一方当事人的思想工作，在征得双方当事人同意的情况下实施调解工作。

（二）依法调解原则。人民调解组织应依法调解物业管理纠纷，法律、法规和合同有规定或约定的，应按照规定或约定调解；无规定或约定的，应按照政策文件或行业普遍认可的规范进行调解。在调解物业管理纠纷过程中，不能为化解纠纷违法违规或侵害其他权益人的合法利益而产生新的纠纷隐患。

（三）预防与调解并重原则。人民调解组织既要重视物业管理纠纷的调解，及时化解纠纷；又要注重物业管理纠纷的预防，经常性排查物业管理中的矛盾，主动介入并开展工作，避免矛盾激化。

（四）尊重当事人权利原则。人民调解组织不得因调解而阻止当事人依法通过仲裁、行政、司法等途径维护自己权利。人民调解组织调解纠纷不收取任何费用。

（五）调解互动原则。加强人民调解、行政调解、司法调解和社会力量的有机结合，整合资源、形成合力，建立长效工作机制，切实提高解决物业管理纠纷的效果和效率。

三、组织设置

以现有的人民调解组织为基础，建立县（市、区）、街道（乡镇）、社区（村）层面物业管理纠纷人民调解组织体系，或根据实际，建立司法行政与住房和城乡建设主管部门的物业管理纠纷调处衔接机制。

（一）社区（村）人民调解委员会，可通过吸收社区民警、社区（村）法律顾问、业主委员会成员或者业主代表、物业服务企业代表等有关人员，负责本辖区一般性物业管理纠纷的预防、受理、调解及纠纷信息的排查，开展相关法律、法规、政策的宣传教育。有条件的物业管理住宅小区，可依托所在社区（村）人民调解委员会设立住宅小区物业管理纠纷人民调解工作室，成员一般由所在住宅小区的业主委员会成员、业主、物业服务企业成员等组成，负责本小区简单纠纷的受理、调解。

（二）在实有人口总量大、密度高、住宅小区物业管理纠纷多发的街道（乡镇）应设立物业管理纠纷人民调解委员会，主任可由街道（乡镇）人民调解委员会主任担任，副主任由负责物业管理的街道（乡镇）相关人员担任，通过聘任专职物业管理纠纷人民调解员，同时吸收社区（村）人民调解委员会主任、业主委员会和物业服务企业代表、城管办、派出所等人员，专门负责受理、调解本辖区内发生的复杂疑难物业管理纠纷。物业管理纠纷较少的街道（乡镇），可依托已有的街道（乡镇）人民调解委员会，吸纳物业管理专业人员，强化物业管理纠纷调解职能。

（三）各县（市、区）根据本地区的实际需要，可依托行业协会等社会团体和其他组织成立县（市、区）物业管理纠纷人民调解委员会，或依托县人民调解委员会设立物业管理纠纷人民调解工作室，负责受理、调解本辖区内重大复杂疑难物业管理纠纷。

（四）各县（市、区）司法行政部门负责组建法律咨询专家库，住房和城乡建设主管部门负责组建行业咨询专家库，为本辖区内的物业管理纠纷人民调解工作提供法律和政策支持，并参与重大疑难纠纷的研究和论证。各类专家接受物业管理纠纷人民调解组织的咨询，或应邀参与重大、疑难纠纷的调解。

四、调解范围

人民调解组织调解物业管理纠纷，重点解决在物业管理区域内涉及物业服务、物业使用和维护、物业项目服务管理交接中业主（使用人）之间、业主与业主委员会之间、业主（使用人）或业主委员会与物业服务企业之间、物业服务企业之间发生的各类适合通过人民调解方式解决的民间纠纷：

（一）业主或物业使用人相互之间的纠纷。主要指在物业专有或共有部分、共用设施设备的使用与维护等过程中发生的争议。

（二）业主与业主委员会之间的纠纷。主要指业主对业主委员会是否按照规定和共同约定及时召开业主大会会议或业主大会临时会议、是否经业主大会决议开展活动、是否根据规定组织换届选举、是否根据业主大会决定签订物业服务合同、是否作出违反法律法规的决定以及从事与物业管理无关的活动等产生的争议。

（三）业主（使用人）或业主委员会与物业服务企业之间的纠纷。主要指在物业服务合同履行过程中合同当事人之间产生违约、侵权、物业服务欠费等纠纷。

（四）物业服务企业之间的纠纷。主要指在物业管理交接过程中，围绕交接验收物业项目，移交物业共用部位、共用设施设备及相关场地、物业服务用房和物业资料等过程中发生的争议及其他问题。

（五）其他适合通过人民调解方式解决的物业管理纠纷。

五、工作机制

（一）物业管理纠纷当事人可以向所在地或纠纷发生地人民调解组织申请调解，人民调解组织应当受理。人民调解组织也可以根据单位、群众的需求或纠纷排查线索主动介入调解，但不得因物业管理纠纷当事人拒绝调解或调解不成而阻止当事人起诉、申请仲裁等。

（二）物业管理纠纷人民调解按属地管理、逐级调解原则，一般纠纷由住宅小区、社区（村）人民调解组织调解，复杂疑难纠纷由街道（乡镇）人民调解组织调解，重大复杂疑难纠纷可提请县（市、区）人民调解组织调解，调解不成的应当终止调解，引导当事人通过行政调解、司法诉讼等途径解决。

（三）对调解难度大，影响面较广、情况较复杂的纠纷，人民调解组织应及时向辖区涉及纠纷的主管及相关部门反映，有关部门应同时参与调解。

（四）人民调解组织调解物业管理纠纷，一般在1个月内调结。如有特殊情况不能在1个月内调结，经纠纷双方当事人同意，可以适当延长调解期限，但延长期限一般不超过30日。

（五）经人民调解组织调解的物业管理纠纷，当事人达成调解协议的，应当制作人民调解协议书，当事人认为无需制作调解协议书的，可以采取口头协议方式，人民调解员应当记录协议内容。调解协议对双方当事人具有法律约束力，当事人应当认真履行。

（六）调解协议书自双方当事人签名、盖章或者按指印，人民调解员签名并加盖人民调解委员会印章之日起生效。口头调解协议自双方当事人达成协议之日起生效。达成调解协议后，双方当事人认为有必要的，可以自调解协议生效之日起30日内共同向人民法院依法申请司法确认。

（七）人民调解组织可根据住房和城乡建设主管部门的相关移交开展物业管理纠纷调解。调解成功的，制作人民调解协议书；调解不成功的，应当告知当事人向移交机关重新申请处理，实现人民调解与行政调解的衔接。

（八）人民调解组织可根据法院诉前引导或委托开展物业管理纠纷调解。调解成功的，制作人民调解协议书；调解不成功的，应当告知当事人重新向法院提出诉讼申请，实现人民调解与诉讼程序的衔接。

六、工作保障

（一）各县（市、区）司法行政部门、住房和城乡建设主管部门要充分认识物业管理纠纷人民调解工作在维护社会稳定、构建"平安小区"中的重要性与必要性，积极争取当地党委政府的关心重视和相关部门的支持配合，加强物业管理纠纷人民调解组织的基础设施建设，落实调解工作必需的办公场所及办公用品等设施设备。

（二）各县（市、区）司法行政部门、住房和城乡建设主管部门要积极通过政府购买服务等方式，保障物业管理纠纷人民调解委员会的工作经费和专职人民调解员的聘用经费，要完善人民调解"以奖代补"制度，将物业管理纠纷专、兼职调解员纳入"以奖代补"对象范围，并切实保障相应的指导、培训等经费。

七、工作指导

（一）各级司法行政部门、住房和城乡建设主管部门共同承担对属地物业管理纠纷人民调解工作的业务指导职责，健全沟通协调机制，定期召开联席会议，研究物业管理纠纷的特点、难点和发展趋势，构建人民调解、行政调解、司法调解相互联动、相互衔接的物业管理纠纷调解工作模式。

（二）司法行政部门负责指导人民调解委员会做好物业管理纠纷人民调解工作，健全各项工作规章制度，培训调解人员。住房和城乡建设主管部门负责指导重大、疑难物业管理纠纷调解，配合做好对人民调解员进行物业管理政策法规专业培训。

八、实施要求

（一）各级司法行政部门、住房和城乡建设主管部门要通过广播、电视、报纸、网络等新闻媒体，向社会广泛宣传物业管理纠纷人民调解工作机制，要在物业小区公开人民调解工作流程，使广大群众特别是纠纷当事人了解、认可、参与物业管理纠纷人民调解工作，使人民调解工作机制在物业管理纠纷处理工作中的作用得到充分、有效发挥。

（二）各级司法行政部门、住房和城乡建设主管部门要通过多种形式、多种渠道加强物业管理法律法规和相关知识的宣传，充分发挥街道（乡镇）、社区（村）法律顾问作用，准确提供诉讼渠道，引导业主、物业服务企业依法理性表达利益诉求，在法治的轨道上推动物业管理纠纷的及时解决。

（三）各人民调解组织要积极配合属地街道（乡镇）、社区（居委会）和城市行政执法、公安派出所等单位，定期对本辖区内的物业管理纠纷情况及矛盾动态进行排查，着力解决物业管理与服务过程中发生的重大矛盾纠纷，并有针对性的组织开展物业管理纠纷预防和调解工作，形成合力，不断提高物业管理纠纷调解工作效率。

（四）各人民调解组织要建立健全各类物业管理纠纷调解工作程序、工作制度。各级调解组织文书要统一规范，调解的物业管理纠纷要分类统计，定期进行分析；建立调解组织工作人员岗位责任制；明确工作例会、调解业务登记和档案管理等工作制度。

（五）各人民调解组织要积极参加各类业务培训、专题讲座、庭审观摩、案例分析等活动，提高调解员的法律知识水平和物业管理纠纷调解技巧，确保物业管理纠纷调解组织有效运行。

（六）各人民调解组织应与属地司法行政主管部门、住房和城乡建设主管部门建立物业管理纠纷人民调解受理事项、办结协议达成等信息互通机制。

浙江省司法厅 浙江省住房和城乡建设厅

2015 年 12 月 22 日

物业纠纷调解流程图

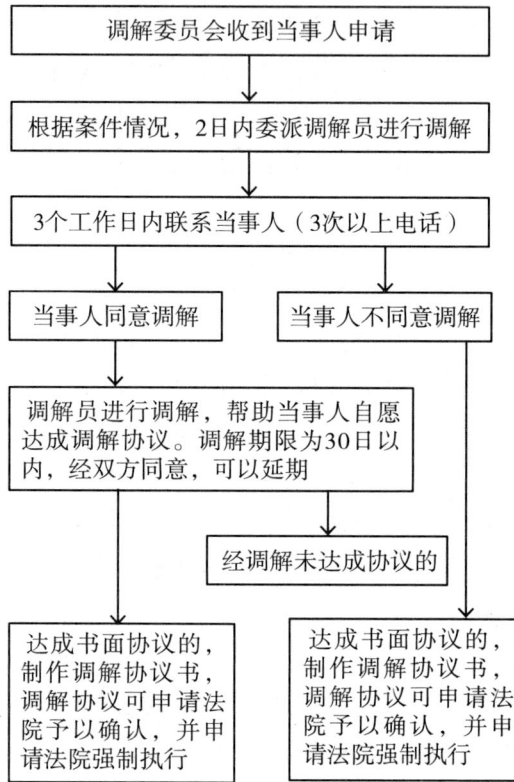

```
┌─────────────────────────────────────┐
│        调解委员会收到当事人申请        │
└─────────────────────────────────────┘
                  │
                  ▼
┌─────────────────────────────────────┐
│  根据案件情况，2日内委派调解员进行调解  │
└─────────────────────────────────────┘
                  │
                  ▼
┌─────────────────────────────────────┐
│   3个工作日内联系当事人（3次以上电话）  │
└─────────────────────────────────────┘
         │                    │
         ▼                    ▼
┌──────────────┐      ┌──────────────┐
│  当事人同意调解 │      │ 当事人不同意调解 │
└──────────────┘      └──────────────┘
         │                    │
         ▼                    │
┌──────────────────────┐      │
│ 调解员进行调解，帮助当事人自愿 │      │
│ 达成调解协议。调解期限为30日以 │      │
│ 内，经双方同意，可以延期       │      │
└──────────────────────┘      │
         │                    │
         │          ┌──────────────────┐
         │          │   经调解未达成协议的  │
         │          └──────────────────┘
         │                    │
         ▼                    ▼
┌──────────────────┐  ┌──────────────────┐
│ 达成书面协议的，      │  │ 达成书面协议的，      │
│ 制作调解协议书，      │  │ 制作调解协议书，      │
│ 调解协议可申请法      │  │ 调解协议可申请法      │
│ 院予以确认，并申      │  │ 院予以确认，并申      │
│ 请法院强制执行        │  │ 请法院强制执行        │
└──────────────────┘  └──────────────────┘
```

物业纠纷化解工作用表

人民调解申请书

申请人姓名＿＿＿＿＿＿＿＿性别＿＿＿民族＿＿＿＿出生年月＿＿＿＿＿＿＿＿

职业或职务＿＿＿＿＿＿＿＿＿联系方式＿＿＿＿＿＿＿＿＿＿＿＿＿＿＿＿

单位或住址＿＿＿＿＿＿＿＿＿＿＿＿＿＿＿＿＿＿＿＿＿＿＿＿＿＿＿＿

被申请人＿＿＿＿＿＿＿＿＿＿＿＿统一社会信用代码＿＿＿＿＿＿＿＿＿＿＿

法定代表人＿＿＿＿＿＿＿＿＿职务＿＿＿＿＿＿＿＿联系方式＿＿＿＿＿

单位或住址＿＿＿＿＿＿＿＿＿＿＿＿＿＿＿＿＿＿＿＿＿＿＿＿＿＿＿＿

纠纷简要情况：＿＿＿＿＿＿＿＿＿＿＿＿＿＿＿＿＿＿＿＿＿＿＿＿＿＿＿

＿＿＿＿＿＿＿＿＿＿＿＿＿＿＿＿＿＿＿＿＿＿＿＿＿＿＿＿＿＿＿＿＿＿

＿＿＿＿＿＿＿＿＿＿＿＿＿＿＿＿＿＿＿＿＿＿＿＿＿＿＿＿＿＿＿＿＿＿

＿＿＿＿＿＿＿＿＿＿＿＿＿＿＿＿＿＿＿＿＿＿＿＿＿＿＿＿＿＿＿＿＿＿

＿＿＿＿＿＿＿＿＿＿＿＿＿＿＿＿＿＿＿＿＿＿＿＿＿＿＿＿＿＿＿＿＿＿

＿＿＿＿＿＿＿＿＿＿＿＿＿＿＿＿＿＿＿＿＿＿＿＿＿＿＿＿＿＿＿＿＿＿

＿＿＿＿＿＿＿＿＿＿＿＿＿＿＿＿＿＿＿＿＿＿＿＿＿＿＿＿＿＿＿＿＿＿

＿＿＿＿＿＿＿＿＿＿＿＿＿＿＿＿＿＿＿＿＿＿＿＿＿＿＿＿＿＿＿＿＿＿

申请事项：1、＿＿＿＿＿＿＿＿＿＿＿＿＿＿＿＿＿＿＿＿＿＿＿＿＿＿＿＿

2、＿＿＿＿＿＿＿＿＿＿＿＿＿＿＿＿＿＿＿＿＿＿＿＿＿＿＿

3、＿＿＿＿＿＿＿＿＿＿＿＿＿＿＿＿＿＿＿＿＿＿＿＿＿＿

4、＿＿＿＿＿＿＿＿＿＿＿＿＿＿＿＿＿＿＿＿＿＿＿＿＿＿

人民调解委员会已将申请人民调解的相关规定告知我，现自愿申请＿＿＿＿＿＿＿＿＿＿＿＿＿＿人民调解委员会进行调解。

申请人（签名盖章或按指印）＿＿＿＿＿＿＿＿＿＿＿＿

＿＿＿＿＿＿＿年＿＿＿月＿＿＿日

人民调解受理登记表

_____年_____月_____日，本人民调解委员会经当事人同意，调解_____

_____与_____之间的物业管理纠纷。

纠纷类型：_____

案件来源：□当事人申请　　　□调解委员会主动调解　　　□受委托调解

纠纷简要情况：_____

_____

_____

_____

_____

当事人（签名）_____

登记人（签名）_____

_____人民调解委员会（印章）

_____年_____月_____日

备注：此表由人民调解委员会填写。

人民调解当事人权利义务告知书

根据有关法律、法规的要求，现将人民调解委员会的性质、调解原则和法律效果，以及在调解中各方当事人享有的权利和应当承担的义务告知如下：

一、人民调解委员会是调解民间纠纷的群众性组织。人民调解委员会调解民间纠纷不收费。经人民调解委员会调解达成的调解协议，具有法律约束力，当事人应当按照约定履行，不得擅自变更或者解除调解协议。经人民调解委员会调解达成调解协议后，双方当事人认为有必要的，可以自调解协议生效之日起三十日内共同向人民法院申请司法确认。

二、人民调解委员会调解民间纠纷，应当遵守下列原则：

（一）在当事人自愿、平等的基础上进行调解；

（二）不违背法律、法规和国家政策；

（三）尊重当事人的权利，不得因调解而阻止当事人依法通过仲裁、行政、司法等途径维护自己的权利。

三、在人民调解活动中，纠纷当事人享有下列权利：

（一）选择或者接受人民调解员；

（二）接受调解、拒绝调解或者要求终止调解；

（三）要求调解公开进行或者不公开进行；

（四）自主表达意愿、自愿达成调解协议。

四、在人民调解活动中，纠纷当事人承担下列义务：

（一）如实陈述纠纷事实，不得提供虚假证明材料；

（二）遵守调解现场秩序，尊重人民调解员；

（三）尊重对方当事人行使权利；

（四）不得加剧纠纷、激化矛盾；

（五）自觉履行人民调解协议。

以上内容已经告知我们，我们愿意调解。

当事人（签名盖章或按指印）：　　　　　　　　　年　　月　　日

当事人（签名盖章或按指印）：　　　　　　　　　年　　月　　日

人民调解协议书 ①

编号：

当事人姓名＿＿＿＿＿＿性别＿＿＿民族＿＿＿出生年月＿＿＿＿＿＿＿
职业或职务＿＿＿＿＿＿＿＿＿＿＿＿联系方式＿＿＿＿＿＿＿＿＿＿
单位或住址＿＿＿＿＿＿＿＿＿＿＿＿＿＿＿＿＿＿＿＿＿＿＿＿＿＿

当事人姓名＿＿＿＿＿＿＿统一社会信用代码＿＿＿＿＿＿＿＿＿
法定代表人＿＿＿＿＿＿职务＿＿＿＿＿＿联系方式＿＿＿＿＿＿＿
单位或住址＿＿＿＿＿＿＿＿＿＿＿＿＿＿＿＿＿＿＿＿＿＿＿＿＿＿

　　双方当事人因发生物业管理纠纷，于＿＿＿＿年＿＿月＿＿日申请我调解委员会予以调解。我调解委员会于＿＿年＿月＿日开始对纠纷进行受理。经了解，各方当事人认同纠纷的简要事实，争议事项如下：

＿＿＿＿＿＿＿＿＿＿＿＿＿＿＿＿＿＿＿＿＿＿＿＿＿＿＿＿＿＿＿＿
＿＿＿＿＿＿＿＿＿＿＿＿＿＿＿＿＿＿＿＿＿＿＿＿＿＿＿＿＿＿＿＿
＿＿＿＿＿＿＿＿＿＿＿＿＿＿＿＿＿＿＿＿＿＿＿＿＿＿＿＿＿＿＿＿
＿＿＿＿＿＿＿＿＿＿＿＿＿＿＿＿＿＿＿＿＿＿＿＿＿＿＿＿＿＿＿＿
＿＿＿＿＿＿＿＿＿＿＿＿＿＿＿＿＿＿＿＿＿＿＿＿＿＿＿＿＿＿＿＿
＿＿＿＿＿＿＿＿＿＿＿＿＿＿＿＿＿＿＿＿＿＿＿＿＿＿＿＿＿＿＿＿

　　经调解，双方当事人自愿达成如下协议：
　　一、＿＿＿＿＿＿＿＿＿＿＿＿＿＿＿＿＿＿＿＿＿＿＿＿＿＿＿＿＿

---

　　① 注：制作调解协议书应注意以下事项：

　　1、双方当事人基本情况记载应全面准确（当事人为自然人的，需审查身份证或其他有效证件，核对原件后留存复印件；同时需审查当事人当前经常居住地是否与户籍地一致。当事人为法人或非法人组织的，需审查营业执照副本或者登记文件、法定代表人或负责人身份证明，核对原件后留存复印件。如当事人委托代理人代为调解，应提交授权委托书留存。授权委托书应记载委托人及受托人姓名、基本情况、双方关系，以及代理权限。授权委托书应由委托人、受托人本人亲自签名）。

　　2、纠纷主要事实（包括纠纷产生的时间、地点、原因、过程）、争议事项以及各方当事人的责任记载应简明扼要。

　　3、协议达成内容（如地点、金额、期限、违约责任）和履行方式记载应准确无误。

　　4、调解协议由纠纷当事人各执一份，人民调解委员会留存一份，签名盖章缺一不可。

二、_____

三、_____

本协议履行方式为 _____
本协议履行时限为 _____
本协议书正本共叁份，各方当事人各执一份，本人民调解委员会存档一份。《中华人民共和国人民调解法》第三十一条规定，经人民调解委员会调解达成的调解协议具有法律约束力，当事人应当按照约定履行。
当事人（签名盖章或按指印）_____
当事人（签名盖章或按指印）_____
人民调解员（签名）_____ 记录人（签名）_____

_____ 人民调解委员会（印章）
_____年____月____日

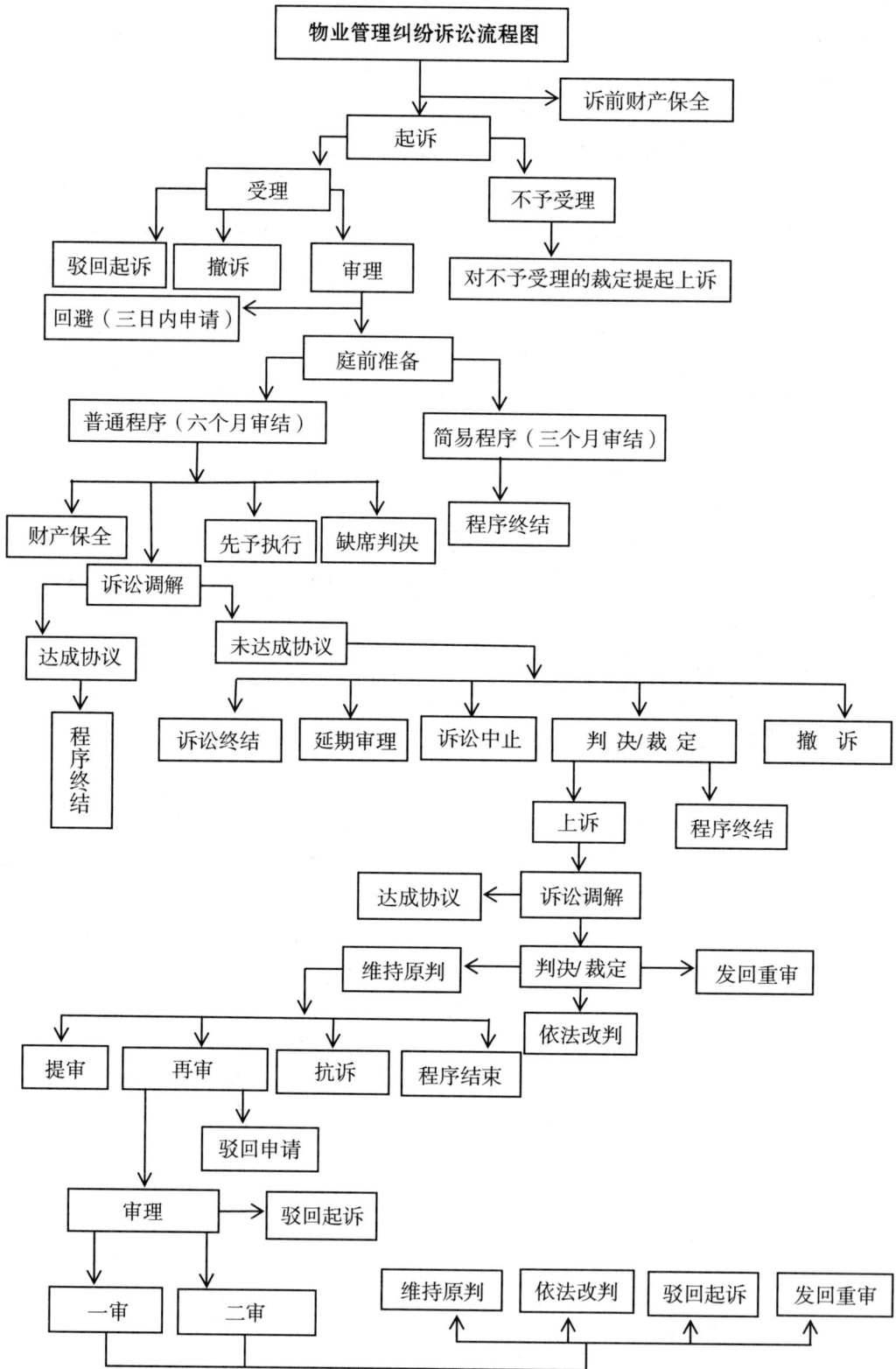

物业管理纠纷诉讼流程图

诉前财产保全

起诉

受理

不予受理

驳回起诉

撤诉

审理

对不予受理的裁定提起上诉

回避（三日内申请）

庭前准备

普通程序（六个月审结）

简易程序（三个月审结）

财产保全

先予执行

缺席判决

程序终结

诉讼调解

达成协议

未达成协议

程序终结

诉讼终结

延期审理

诉讼中止

判决/裁定

撤诉

上诉

程序终结

诉讼调解

达成协议

维持原判

判决/裁定

发回重审

依法改判

提审

再审

抗诉

程序结束

驳回申请

审理

驳回起诉

一审

二审

维持原判

依法改判

驳回起诉

发回重审

民事起诉状（业主为原告）

原告：姓名＿＿＿＿＿＿＿＿　性别＿＿＿＿＿＿＿＿　民族＿＿＿＿＿＿＿

出生年月＿＿＿＿＿＿＿＿＿＿＿　身份证号码：＿＿＿＿＿＿＿＿＿＿＿

家庭住址：＿＿＿＿＿＿＿＿＿＿＿＿＿＿＿＿＿＿＿＿＿＿＿＿＿＿＿＿＿

被告：名称＿＿＿＿＿＿＿＿＿＿＿＿＿＿＿＿＿＿＿＿＿＿＿＿＿＿＿＿＿

统一社会信用代码：＿＿＿＿＿＿＿＿＿＿＿＿＿＿＿＿＿＿＿＿＿＿＿＿＿

住所地：＿＿＿＿＿＿＿＿＿＿＿＿＿＿＿＿＿＿＿＿＿＿＿＿＿＿＿＿＿＿

法定代表人：＿＿＿＿＿＿＿＿＿　职务：＿＿＿＿＿＿＿＿＿＿＿＿＿＿＿

联系电话：＿＿＿＿＿＿＿＿＿＿＿＿＿＿＿＿＿＿＿＿＿＿＿＿＿＿＿＿＿

案由：物业管理纠纷

诉讼请求：

1.＿＿＿＿＿＿＿＿＿＿＿＿＿＿＿＿＿＿＿＿＿＿＿＿＿＿＿＿＿＿＿＿＿＿

2.＿＿＿＿＿＿＿＿＿＿＿＿＿＿＿＿＿＿＿＿＿＿＿＿＿＿＿＿＿＿＿＿＿＿

3.＿＿＿＿＿＿＿＿＿＿＿＿＿＿＿＿＿＿＿＿＿＿＿＿＿＿＿＿＿＿＿＿＿＿

4.＿＿＿＿＿＿＿＿＿＿＿＿＿＿＿＿＿＿＿＿＿＿＿＿＿＿＿＿＿＿＿＿＿＿

事实和理由：

＿＿＿＿＿＿＿＿＿＿＿＿＿＿＿＿＿＿＿＿＿＿＿＿＿＿＿＿＿＿＿＿＿＿＿

＿＿＿＿＿＿＿＿＿＿＿＿＿＿＿＿＿＿＿＿＿＿＿＿＿＿＿＿＿＿＿＿＿＿＿

＿＿＿＿＿＿＿＿＿＿＿＿＿＿＿＿＿＿＿＿＿＿＿＿＿＿＿＿＿＿＿＿＿＿＿

＿＿＿＿＿＿＿＿＿＿＿＿＿＿＿＿＿＿＿＿＿＿＿＿＿＿＿＿＿＿＿＿＿＿＿

＿＿＿＿＿＿＿＿＿＿＿＿＿＿＿＿＿＿＿＿＿＿＿＿＿＿＿＿＿＿＿＿＿＿＿

综上，原告为维护自身合法权益，特向贵院提起民事诉讼，请求支持原告诉讼请求。

此致

＿＿＿＿＿＿＿＿＿＿人民法院

具状人：＿＿＿＿＿＿

＿＿＿＿＿年＿＿月＿＿日

民 事 起 诉 状（物业管理机构为原告）

原告：名称_____

统一社会信用代码：_____

住所地：_____

法定代表人：_____职务：_____

联系电话：_____

被告：姓名_____性别_____民族_____

出生年月_____身份证号码：_____

家庭住址：_____

案由：物业管理纠纷

诉讼请求：

1._____

2._____

3._____

4._____

事实和理由：

_____

_____

_____

_____

_____

综上，原告为维护自身合法权益，特向贵院提起民事诉讼，请求支持原告诉讼请求。

此致

_____人民法院

具状人：_____

_____年_____月_____日

证据清单

以下证据系由（原 / 被）告提交

案由	物业管理纠纷				证据副本数	（　）份
原告					被告	
编号	证据名称	页码	页数	原件或复印件	证明对象	
证据一					证明：	
证据二					证明：	
证据三					证明：	
证据四					证明：	
证据五					证明：	
证据六					证明：	
证据提交人签名：				证据提交日期：		
证据接收人签名：				证据接收日期：		